汉字难在哪儿

叶昌元

梳理汉字构成的规律，
发现构成规律的变异，
告诉你汉字到底难在哪里。

开明出版社

图书在版编目(CIP)数据

汉字难在哪儿?/叶昌元著. —北京:开明出版社,2013.12
ISBN 978-7-5131-1313-7

Ⅰ.①汉… Ⅱ.①叶… Ⅲ.①汉字—通俗读物 Ⅳ.①H12-49

中国版本图书馆 CIP 数据核字(2013)第 282463 号

责任编辑: 柴 星 邓 莹
封面设计: 霍 繁

出 版: 开明出版社(北京市海淀区西三环北路 25 号青政大厦 6 层)
印 制: 北京蓝空印刷厂
开 本: 32 开
印 张: 8
字 数: 153 千
版 次: 2014 年 1 月 第 1 版
印 次: 2014 年 1 月 第 1 次印刷
定 价: 20.00 元

自序 >>>>

前几年，有人在台湾做过民意调查：让台湾居民看在中国大陆通行的简体字文本，许多居民说“太难”。这在中国大陆的居民看来就很奇怪了：难道简体字比繁体字（台湾人称为正体字）还难吗？到底是繁体字难，还是简体字难呢？

打一个极端的比方：一个普通的大学生，没有做过古文字研究。让他来认孔子所在时代的文字，他肯定觉得非常难认。反过来，孔子如果复活，走在今天的街头，看到店招牌上的字，他老人家也不认识，觉得很难认。

我们以上说的难与易，实际上是指陌生与熟悉——陌生的就难，熟悉的就容易，与认知的主体处于什么样的环境有关。这跟我们说外语难学是一样的道理。那么，判定文字的难与易是否有超越不同人群、不同环境的客观标准呢？我想肯定是有的。这个标准是什么呢？我想至少应包括以下几方面：

一是构成某种文字的基本元素的数量有多少。基本元素越多入门就越难，越少就越容易。比如说英文的拼写不外 26 个字母，其音标包括辅音和元音也只有几十个，读音也不难学。而汉字的基本部件，包括我

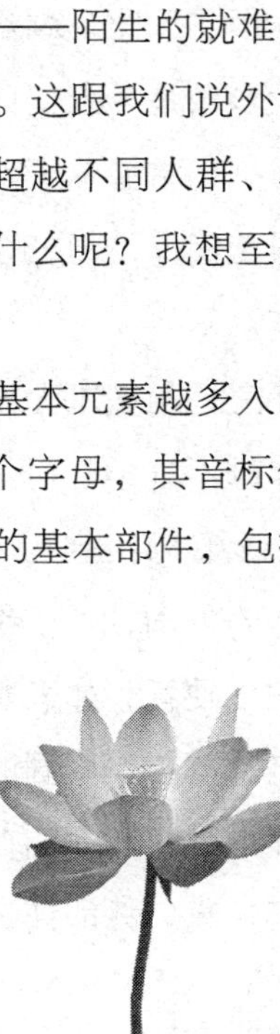

们通常所说的偏旁部首有多少呢？有二百七八十个，少数部件还有变体。汉字的读音呢，除了几十个声母、韵母外，还有四声的变化。从这个角度来看，汉字比英文要难学。

当然，您也可以把点、横、竖、撇、捺、弯折（细分有多种）等笔划当作构成汉字的基本元素。这样一来，基本元素的数量就大为下降，比英文字母还少。但是，按笔划来组字似乎只在书写时有意义。对于全面掌握汉字或者传递信息来说，几乎毫无意义。比如说，在介绍姓张还是姓章时，一般只说是“弓长张”，还是“立早章”，有谁会“一点一横……”这么介绍呢？

二是每个基本元素是否容易掌握。英文字母的小写大多只有一笔，比较好学。汉字的基本部件有些笔划很多，如鱼、隹、金等。从这个角度来说，汉字比英文难学；繁体字比简体字难学——鳥比鸟难学、飛比飞难学、馬比马难学。但从另一角度来说，汉字是象形字，其基本部件绝大多数是与人们认知的事物相对应的，比如：日对应于太阳，月对应于月亮，掌握这一点，是有利于初学者学习汉字的。而英文字母呢，笔划虽然简单，但初学者需要为其建立全新的记忆，就增加了那么一点难度。

三是由基本元素或部件构成字、词的规则是否清晰、简单明了。英文字母不难学，可是大概没有老师能告诉学生，表示学习的单词 study，为什么必须由这几个字母、按这个顺序来拼写。英文中有很多像 study 这样的单词，学生都只能死记硬背。当然，并不是每个单词都需要孤立地死记硬背，如表示学生的 student 这个词就可以在 study 的基础上去记忆。与英文不同的是，每个汉字构成的规则和逻辑是清晰的（本书将会详细述及），只有少数汉字的构成规则和逻辑在演变过程中湮灭或模糊了，我们只能死记这些字是由哪几个部件组成的。从这个角度说，汉字比英文容易掌握，繁体字比简体字容易掌握（在某些字里，体现构成规则的东西被简化掉了）。

这也是我们为什么宁愿把汉字看成由200多个部件构成，而不愿把它们看成由屈指可数的笔划构成的原因。因为，如果把一个字拆成若干笔划，这个字与笔划之间没有任何意义上的关联，毫无规则和逻辑可言。这就增加了学习的难度。

四是字或词各要素（字义或词义、字形或拼写方式、读音）之间的关联度如何。关联度越高的越容易掌握。比如，俄语、马来语的拼写与读音高度一致，就是说，看到某个词就会准确地读出来，听到某个词就会准确地拼写出来。其形与音的高度统一，实际上将这两个要素变成了一个要素，当然简单多了。但这些拼音文字的义与形之间的关联度不高，正如我们很难说清 study 为什么非要如此拼写不可。但汉字的义、形、音三要素之间的关联度是非常高的，尤其是形与义高度统一（古人中即使没上过学的，看到鸟字也知道是鸟，看到鱼字也知道是鱼）。这正是象形字的最大特点：以形载义。这就降低了学习汉字的难度。

综上所述，我们可以看出，汉字难在部件多（达二百七八十个），每个部件的笔划多。但在本书里要说的还不是这些，而是汉字构成规则与逻辑的破坏，从而曾加了学习的难度。

2013年7月

目 录 >>>>

楔子　规则简单

十多年前，笔者曾创过一段文字游戏，说的是“翁婿拆字对诗”。

有一领导干部退休后，住在乡下，舞文弄墨，日子很滋润。有三个女婿，前两个都是成功人士。只有小女婿是农民，文化水平也较低，老头对其不满意。

这一天三个女婿相约来看他，他有心为难一下小女婿。饭桌上，老头出题：“今天大家拆字对诗。对上来的吃喝不拘；对不上来的，只能喝酒，不许吃菜。”女婿们都说，听岳父大人的。怎么拆字对诗呢？以一个字作为诗的主题，并将这个字拆成若干字嵌在诗句里。老头首先示范，以门口大树为题。

柳暗花明又一村，参天古木斜对门。

赋诗饮酒树荫里，不掌寸权最省心。

诗中将“树”以及由树字拆开重组的又与村、木与对、寸与权分别嵌在四句里。众人说好，领会了规则。

大女婿是个教授，是湖南人，立即想到以“湘”为题，吟的是舜死于湘，他的两位妃子不远千里奔丧，洒泪溅斑竹的传说。

跋山涉水相倚依，沐露餐风目凄迷。

竹木斑斑千滴泪，芳名万古颂湘妃。

将湘字拆开重组，诗中嵌入了水与相、沐与目、木与泪，以及湘。众人说好。大女婿得意地喝酒吃菜。

二女婿是位企业精英，最近有一连串喜事：加薪、升职、出国学习，遂以“贺”为题。

得力大员数我，频频建立功勋。

公司重奖可贺：加贝、升职、镀金。

将贺字拆开重组，诗中嵌入了力与员、勋、加与贝，以及贺。老头说“不错”。二女婿也喝酒吃菜。

这下可苦了小女婿，搜肠刮肚，憋不出来。众人又吃又喝，都看他的笑话。这时桌子下面有条狗，找肉骨头，嗅来嗅去。小女婿低头看见了，顿生灵感。遂以“嗅”为题。

可笑咱家犬，常常空自吠。

口臭爱吃屎，鼻尖善嗅味。

将嗅字拆开重组，诗中嵌入了咱与犬、自与吠、口与臭，以及嗅。诗虽然不合格律，也不雅，但合乎老头所定的游戏规则，老头也只好说“不错”。小女婿开怀大吃大喝。那几位再也没胃口了。

通过这个游戏，我们看到汉字是由木、又、寸、目、水（氵）、力、口、贝、自、犬等基本部件组成的，部件与部件间有多种“组装”方式，部件不同或组装方式不同，就形成不同的字。这些部件就是狭义上的象形字：又、寸都是手的象形，自是鼻子的象形，力是早期农具的象形，贝是贝壳的象形，等等。这样的象形部件有二三百个，包括不能单独成字的偏旁部首，如：阝、夂等。这些所谓的偏旁部首也都是象形字，只不过一般学校里，老师不教罢了。所有的汉字无非都由它们组成。

汉字都有哪些“组装”方式呢？只有两大类——会意、形声。小、土合起来就是尘，不、正合起来就是歪，这就是会意字。湘则是形声字，湘是水名，以氵（水）为形，以相为声。宀、子合起来就是字。宀是房子，子是孩子，字的本义为养育。文字的字取其不断演变、繁衍之义。子也表声。“字”就是形声兼会意字。

加上前面说的象形字，汉字基本上就三大类：象形字、会意字、形声字。还有一种造字方式，叫指事，如：木字下面加一横，就是本，指树根；刀字上加一点，指明刀口所在，即刃。这一类字为数极少，也可以归入广义的会意字。

如果说象形字是古人仰察天、俯观地，从自然界和人体中取材而创造出来的文字，会意字则是古人靠逻辑思维能力创造出来的文字。后人也是根据这种逻辑思维来理解的。理解起来就有两种情况：一种是与古人造字的本意是一致的，如：犬、口为吠，即狗叫，好理解，也不容易有歧义；另一种是后人个性化的理解，似乎说得通，但并不是古人本来意图。有人释腐：府、肉，即大户人家的肉，因为吃不完，就腐烂发臭，正合了杜甫的诗：“朱门酒肉臭”。为什么说这种解释与古人意图不合呢？因为府的早期字义不是大户人家，而是负责收藏、保管的机构，包括藏书。《周礼》中的大府、玉府、内府、外府，就是朝廷掌管不同财物的机构。一直到清代，仍有叫府的机构。如果说府后来有大户人家的意思，也是从所藏之物丰富引申而来。腐无疑是形声字，如果说它有会意成分的话，可能是指肉因久藏而变质，与大户人家没有关系。类似的例子很多，如：有人认为波是水之皮、沙是水少而沙显。其实，它们都是形声字，只不过其读音与表音部件的读音有差异。有些所谓的“会意”都是“民间智慧”的再创造。不少人以此为乐，甚至以此为业，如测字先生。

说有一人炒股，赔了大半，很郁闷。有一天在大街上看见一个测字的，就报了一个“股”字。测字先生端详了一会儿说：“一半没有了。”因为“没”的右一半、“有”的下一半，合起来就是股字。居然让他说中了。类似的，有人将“贪”解释成“见财起念头”。贪，拆成今、贝，贝代表财，今即念字头。这些看似“会意”的解释仅是一种文字游戏。

再说说形声字。形声字是随着社会发展，字义分工越来越细后大量创造的，数量也是最多的，比比皆是。下面是一则流传较广的故事，说的是“诸葛亮与周瑜的一次文斗”，笔者作了改编。故事反映了形声字是可以信手拈来的。

话说赤壁之战前夕，诸葛亮代表刘备赴东吴，想联结东吴共同抗曹。虽然同意联手，可周瑜等人颇瞧不起落难的刘备这股势力。在招待酒会上，周瑜以酒令的形式发难：

有水也是溪，无水也是奚，

去掉溪边水，加鸟便成鷄（鸡）。

皇叔跃马过檀溪，落毛凤凰不如鷄。

这是讥讽刘备虽有皇室血统，却如丧家之犬，到处投奔别人，没有自己的地盘。跃马过檀溪是指刘备从刘表处逃命的经历。诸葛亮当然要找回面子：

有玉也是琪，无玉也是其，

去掉琪边玉，加欠便成欺。

龙困山涧被猴骑，虎落平川被犬欺。

周瑜挨骂，自然不甘心，就攻击诸葛亮的妻子：

有木也是杻，无木也是丑，

去掉杻边木，加女便成妞。

黄家有女生得丑，隆中第一数此妞。

诸葛亮隐居隆中时，娶黄承彦女儿为妻。据说其貌极丑，但是有才。诸葛亮心说，你拿我老婆开涮，我也以牙还牙：

有亻也是侨，无亻也是乔，

去掉侨边亻，加女便成娇。

莫说东吴能藏娇，就怕铜雀锁二乔。

二乔指大乔、小乔姐妹俩，都以貌美闻名，一个是孙策的夫人，一个是周瑜的夫人。曹操修了一个铜雀台，台上建有两座桥，谐音“二乔”，是想将来把“二乔”据为己有。唐代诗人杜牧就有“东风不与周郎便，铜雀春深锁二乔”之句。这下戳着了周瑜的疼处，周瑜正待发作，鲁肃怕伤了和气，赶紧打圆场：

有木也是槽，无木也是曹，

去掉槽边木，加米便成糟。

今日之计在破曹，两雄相争事要糟。

这里的溪与鷄、琪与欺、杻与妞、侨与娇、槽与糟五组字都是形声字，分别以奚、其、丑、乔、曹表声。只不过每一组后者的读音有了变异。

说到这里，我们已了解到：象形字是基本部件，是不可拆分的，拆开后，各部分的笔划没有任何意义；象形字相互组合，形成会意字、形声字，而会意字、形声字与组成它们的象形字都有一定的逻辑关系、读音或字义上的联系。

汉字的构成规则就这么简单。不少人都认为学习汉字难，难在哪里？人们会说，要掌握二三百个基本象形部件，就非常难。人家拼音文字只有二三十个字母，就容易多了。但是，我要说，这二三百个基本部件都是象形字，都是现实世界各种常见实物的图形符号。即便是发展到今天，许多象形字已不怎么“象形”了，我们很容易将这些部件与各种实物一一对应起来。我们都有这种体会：学习新的知识时，如果能将其与熟知的事物联系起来时，就容易多了。因此，掌握部件也不难。至于有些部件，从未有人告诉过我们其来源和意义，或者被人误导，这倒是学校教育中亟待改进的事（对基本部件有兴趣的朋友可以参阅拙作《字理——汉字部件通解》，东方人民出版社出版）。

因此，我要说，汉字难在规则之外的变化。这些变化有些是有道理的，有些没有什么道理。这本书就是要找出有道理或没道理的变化。

这正是：

汉字林林总总，类型不外三种：

象形会意形声，规则简单易懂。

第一章　象形衰减

从前，一位老师教学生馬（马）字，告诉学生馬字下面的灬来自马的四条腿。学生们记住了。又有学生问了：魚字下面的灬是怎么回事？老师解释这是鱼腹下面的鳍。学生们勉强理解。又有学生问：燕字下面的灬是怎么回事？老师满面汗流。

实际上，魚、燕这两个字虽然都是象形字，但其中的灬不是来自什么鳍，而是来自尾巴。这两种动物的尾巴都是剪刀形。到了小篆时期，这种剪刀形被写成火字形。后来进一步演变，火就变成了灬。通常情况下，当火字置于字的底部时，被压扁，就变成了灬。由此可以看到，汉字的象形信息是怎么逐步丢失的。

将近两千年前，东汉许慎著《说文解字》时，汉字的象形信息已丢失很多。我们首先要肯定《说文解字》是一部非常伟大的著作，但受当时字形的局限，解释某些字或部件到底是何物时，许慎就搞错了。比如，他解释“示”：“天垂象，见吉凶，所以示人也。从二（古文的上就写作“二”，也写作丄。笔者注）、三垂——日、月、星也。观乎天文，以察时变，示神事也。”可见，那时的示，与现在的字形差不多——上面两横，下面“三垂”。许慎据此解释：两横为“上”，即上天；三垂为日、月、星三光；上天通过天象向人昭示吉凶，就是示。

可是，示的早期字形呈T形，或作亍形，下面没有三垂，何来日、月、星三光呢？当代学者比照出土文物，认为示的原始形状是T形堆石，像蒙古族敖包、藏族的玛尼堆一样，供人祭拜用。这比较中肯。我们从含有示（包括礻旁）的字可以看出，这些字都是表人类活动的，虽然有些是祭天求神的，而与上天垂象没有关系。

另外，今天的左阝，在东汉时期的小篆略似阜，许慎解释为“大陆也，山无石者。”实际上，它就是一个阶梯形（侧视图）。因此，以左阝为偏旁的字往往与高差、上下升降有关。

这不能怪许慎，许慎大概没有机会看到甲骨文和早期的金文。当时的许多字形与原始象形相去甚远，他才作了错误的解释。因此，我们要正确地认识、理解汉字，搞清其来龙去脉至关重要。

象形，不等于机械模仿

在弄清象形字的原形之前，我们先看一下古人创造象形字的方法。

有人会说：象形字就是照葫芦画瓢，还有什么方法吗？

其实不然。象形字虽然是通过模仿实物创造出来的，但毕竟不是写真、素描，是经过提炼的符号，描绘的是事物的典型特征。另外，我们还要考虑到，古人书写的不易。尤其是在甲骨上刻字，笔划不宜繁多，只能用简单的线条来表达。而且，还要用寥寥几笔区别开不同的事物。比如：用圆圈来表示太阳之后，就不能用圆圈来表示圆形容器了，甚至不能用封闭的曲线来表示瓜果一类的东西了。因为在书写时，圆圈不可能写成标准的圆形，就易与封闭曲线相混。同样，用方框来表示建筑或城郭的平面之后，就不能用方框来表示方形的帕子了。

下面我们来体会一下古人创造象形字的苦心和智慧。

一是描绘事物的全貌或轮廓。这是一种最直接明了的方法，适合于外貌特征与其他东西迥异的事物，如：鱼、鸟、虫（蛇）、龟、虍（虎）、酉（细脖鼓腹的酒坛子）、鬲（鼓腹、三足的炊具）等。

二是描绘事物的局部来代指全体。当然，这个局部有着区别于其他事物的鲜明特征。牛、羊两个字分别源于从正面看上去的牛头、羊头。因为犬、豕、虎等几个字都是相应的四足动物的侧面象形。如果还从侧面来描绘牛、羊，很难与其他动物相区别，这两者之间也难区别。用牛头、羊头来表示有什么好处呢？它们头上有角，是区别于他物的显著特征。牛、羊之间又有不同——牛角略有弯曲，角尖向上；羊角卷曲，是向下长的。衣，突出的是上衣的肩部和衣襟。古时衣服左右襟互掩，是衣服的突出特征。月、夕，都是月牙的象形。

三是从特定的角度来描绘事物。与人体有关的部件较多，从不同角度描绘的人体表达不同的意义。大，是正面的人形；尸、卩，都是屈体的人形，从侧面描绘就比较方便；身，是大肚子的形状，当然也是从侧面看过去的；女，展示的是女子娴静的姿态，既要描画出跪坐的姿势，又要展现交叠于膝前的双臂，从斜侧面看上去是最好的。宀，是从侧面看上去的房子——上部是双面坡屋顶，下部是前后墙；广，也是双面坡屋顶，但只有后墙，没有前墙——朝前敞开；厂，屋顶只有一面坡或是平顶，也是朝前敞开的。黾，繁体为黽，是鳖的象形。鳖与龟的形状很相似，甚至有些人分不清这两者。黾与龟这两个字同时存在，如何区分呢？黾是俯视的形状（早期能看出四足，后来四足被省略）；龟（繁体为龜）是侧视的形状：上头下尾，脚朝左，背朝右。与鳖的身体扁平不同，龟背较厚，侧视更能反映厚背的特点。

四是迂曲反映事物的特征。有些事物的形状无法直接描绘，只能采取这种办法。比如：瓜，形状各种各样，有长的、圆的、扁的、上下粗细不一的。但瓜类植物有一个共同的特点，都有长长的藤蔓，而且蔓上还有卷曲的须。瓜字即源于藤蔓，其下中部来自卷曲的须。豆类的果实虽然多为圆形，但如果直接画一粒豆，读者想到的不一定是豆，易生歧义。古人抓住豆类植物的一个显著特点：它发芽时，芽在地下生根，将豆顶出地面，据此造出尗这个字——上面是出土的豆，中间一横是地面，下面是根须。米，如果直接画一米粒，人们可能将它看成冬瓜。古人抓住米在加工过程中的一个特点：将稻子舂捣为米时，还要将米与糠皮筛分开来。早期的米字是中间一横，上面三点，下面三点。这一横就是筛子，上面的是留在筛面上的米，下面是筛下来的糠。

五是高度抽象、提炼的符号。比如：水、气，都没有固定的形状，甚至是无形的。古人就用曲线来表示流动的水、气。彡，是什么东西？不能确指，但它可以表示飘散的发须，也可以表示一道道光影。

最基本的象形字——组成所有汉字的元素

下面将汉字演变过程中主要阶段的写法展示出来。当然，这里不可能展示所有的汉字，但可以展示组成汉字的所有部件，也就是前面提到的组成会意字、形声字的象形字。在展示的时候，我们不妨按部件的含义来分类。

一、与头部有关的部件

图 1-1

说明：

本组第一个图形似乎源于动物（如猴）的头部，但后来主要用于人的头部，如用于首、面、頁（简化为页。我们注意到，以页为偏旁的字往往与头部有关）。

白的原型究竟是何物，还莫衷一是，很可能与头部无关，但白作为部件，如兜、皃(貌)中的“白”都对应于人的头部。姑且将白归于本组。

臣是眼睛的侧视图。为什么一定要从侧面看上去的眼睛呢？这是为了便于表示俯视或仰视。如監（监）是俯视、朢（望）是仰视。

民的象形源于一种刑罚：用尖利的东西扎眼睛。

自是鼻子的象形。

颐的左部当是嘴部及下颌部的象形（横置）。

甲骨文中作为天干用字的甲与后来表衣甲的甲可能不是同一种东西。今天的甲与小篆是一脉相承的。《说文解字注》：“人头空（腔）为甲。”姑从其说。

二、与手有关的部件

图 1-2

说明：

手是最重要的劳动器官，故呈现多种形态。其中攵是手持工具的象形。

三、与脚和路有关的部件

图 1-3

说明：

脚有左右之分，还有朝向之分，于是衍生出不同的部件。止，是左脚的象形，脚趾朝上（也代表朝前）。作为部件，一般情况下，止泛指脚。但有时需要表示朝下走、往回走，就需要一个脚趾朝下（也代表朝这边）的部件：夂，如降、逢、各等；有时左右脚需要同时出现，如：步。步的下面就是右脚的象形。

行，本是十字路口的象形，以此表示道路，作为部件往往被分开，如街、衢等；彳是行字的省略，也是古人的“简化字”；廴又是彳的变形，指路很长。

辶是彳与止的合字，会意为脚在路上走。

四、与人的形体有关的部件

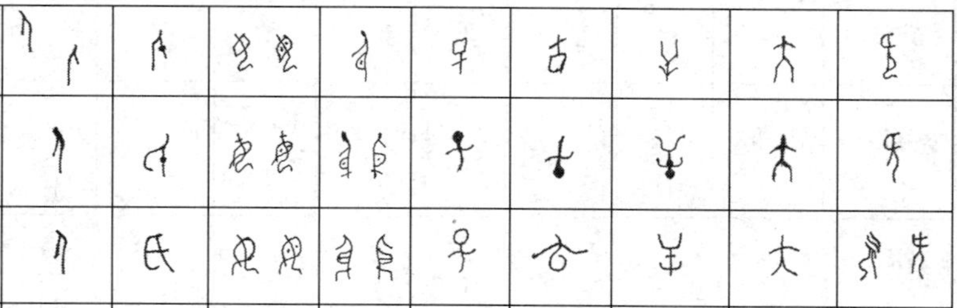

甲骨文									
金文									
小篆									
楷书	人 亻	氏	女 母	身 㐆	子	云	屰	大	旡
例字	企 保 兄 元	昏 氏	妇 每	躯 躺 殷	孔 乳	育 毓 弃	逆 朔 厥	太 夭 天	既 簪

图 1-4

说明：

早期的氏，是在人的上肢上加一点，本义当为肢。姓氏的氏实有分支之义。

母，比女字多两点，突出了双乳，强调其哺乳功能。但早期，母、女有时不分。

身，当是孕妇的象形。今天仍然有人将怀孕称为“有身子”。

子，像婴儿在襁褓中，双腿被包缚在一起。育字头则是子的倒置。

旡，有两个来源：一是转头向后，如果身体前方有食物，表示吃完了，如既字；二是头上别簪子的象形，实际上就是簪的本字。

五、与口有关的部件

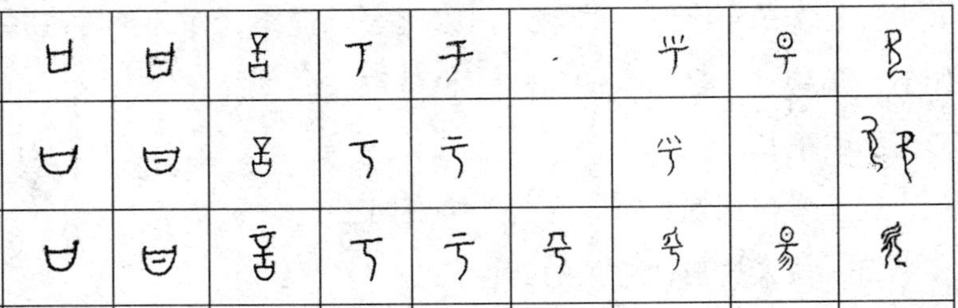

甲骨文									
金文									
小篆									
楷书	口	甘	言 讠	丂	于 亏	平	乎	昜 𠃓	欠
例字	品 吃	甜 某 嘗(尝)	信 狺 说 话	考 号 朽	吁 雩 污 杇	砰 评	呼 烀 罅	揚 扬 湯 汤	吹 饮 歌

图 1-5

说明：

甘，是口中含有食物的象形。因嘴角上翘，表示食物味美或味酸。

言，下部从口无疑，但上部是什么？笔者据所了解的甲骨文、金文推测，其上部是辛，辛是一种尖刀（见后面与辛、心有关的部件）。可能是指言有解析事物的功效。

丂，各家对其象形的解释不同，但从于、平、乎等从丂的字来看，的确与呼吸有关，与《说文解字》所说相合，故归入本组。

昜，中间是丂。故将其归入本组。

欠，早期是人张口状。从欠的字本与呼吸、发声、饮食有关。

六、与体表组织有关的部件

甲骨文									
金文				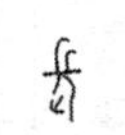			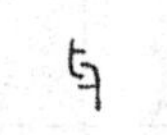		
小篆	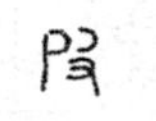						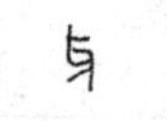		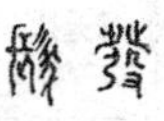
楷书	**皮**	**革**	**毛**	**长 長 镸**	**耂**	**而**	**牙 与**	**角**	**发**
例字	披 被 皱 皴	靳 鞋 靴 堇	尾 毬 氍 毽	张 怅 肆	老 考 孝 者	耐 耍 輀 鸸	芽 邪 與 屿	解 桷	拨 泼

图 1-6

说明：

皮，严格说不是一个独立的部件，是合成字，含有“又”，显然是用手去做某事。从早期文献（如《史记·刺客列传》中的“皮面”）看，就是用手剥皮。后来用于皮革之皮。但若将皮分成两个部件，没有什么意义。因为“皮”去掉“又”，剩下的是绝无仅有的。

革，当是展开的兽皮。

毛，当是尾毛的象形。

长，是一人长发的象形。古人蓄发，年岁越大者，头发越长。故长也有年长义。

老，是拄杖、长发的人的象形。

而，是胡须的象形。

牙，是两种东西相互嵌入的象形，当是源于食肉动物的上下牙。它不像食草动物及人类的牙那样整齐，以便于研磨食物，而是为了便于撕咬食物。与是與的简化，去掉了其外围表音的部件舁。與字里面的部件正是牙。

发，是将髮、發两个字简化为一个字的结果。

七、与动物头部象形有关的部件

楷书	牛	羊	𢉖	虍	⺈	彑
例字	牢 特 物 告	咩 芈 羌 养	鹿 慶 薦 瀌	虎 虜 盧 [illegible]	象 兔	彘 彙 彖 彝

图 1-7

说明:

本组中，牛、羊是动物头部的象形，但后面四种并不是单独的头部的象形。由于今天我们习惯于称鹿字头、虎字头等，故都将它们归入“动物头部”。

彘字头等，源于不同的动物：彘、彖都是猪；彙是刺猬；彝的头部源于一只鸡。

八、与动物整体象形有关的部件

楷书	犬 犭	龍 龙	马	豕 亥	豸	鱼	虫 也	巴	龟(龜)
例字	吠 友 狂 狱	垄 昽	骋 驮	逐 琢 该 骇	豺 貔 貅	鲶 鲁	蛇 地 虵	把 笆	龝

图 1-8

说明：

龍、龙不是繁体字与简化字的关系。前者的左边源于其怪异的头部，右边源于长身、带鳍，这是人们想象中的龙；后者没有突出其头部，而突出了前后足，更接近于真实的动物，如恐龙，因此与犬形接近。试看龙，实是一种狗，由犬、彡组成。

亥，金文中，与豕相近。《说文解字》据此说："亥为豕，与豕同。"十二地支中，亥也对应于猪。故将亥与豕归为一处。

虫、也，都是蛇的象形。其间的区别似乎是也的头部更宽扁。同指蛇的还有一个字：它。今天被分成两个部件了。

九、与飞鸟有关的部件

甲骨文									
金文									
小篆									
楷书	飞 (飛)	卂	几 (凡)	鸟	隹	羽	西	覀 (襾)	非
例字	飜	讯 迅 蝨(虱)	凤 凰 风(風)	鸡 鸦	雁 雕 萑 隼	翼 翻	栖 洒	覆 贾 要	排 靠

图 1-9

说明：

卂，是"不见羽毛"的飛。据《说文解字》，指飞得快，看不清其羽毛。验之于讯、迅等字，可信。

风字头、凤字头，即是凡。各家认为风、凤以凡表音，但对凡的字形来源说法不一。笔者认为，从小篆看，凡就是鸟的头部，也就是鸟的省略形。风、凤早期是同一个字，主体是一只羽毛繁复的大鸟。此大鸟即为凤，又以大鸟飞翔时的声音指风声。

西，鸟窝的象形。但俗称“西字头”的覀，除了在少数字（如甄）里确是西字之外，多由襾演变而来。这个襾是倒扣的盖子的象形，可以用来塞住并盖住坛口，以达密封目的。因此，覆、覂都有倒扣的意思，贾则有储藏、囤积（待价而沽）的意思。

非，是双翅的象形，但不是强调其飞翔，而是取其相背之义。如：靠，取非的背对背之义。

十、与地表生长物有关的部件

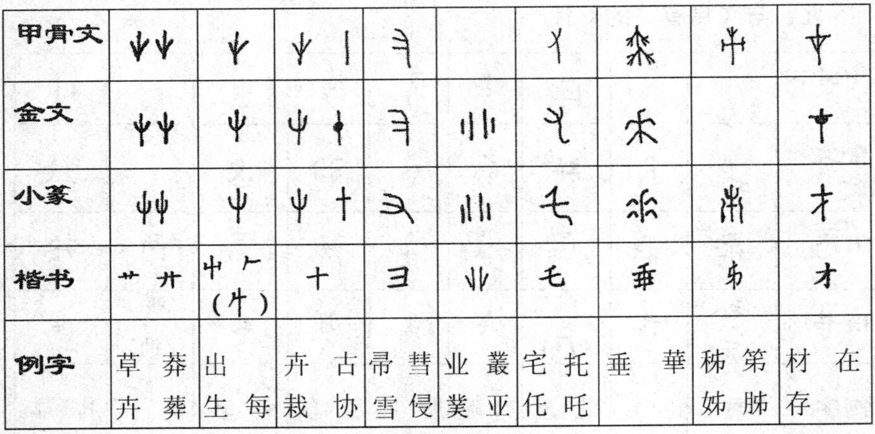

图 1-10

说明：

地表生长物除了草木外，还有菌类、苔藓等。这类字往往也用草头。

廾，在莽、葬等字中，的确是艹，但在弄、算等字中源于双手的象形。因与艹形状较为接近，故归入本组。

十，有两个来源，一个与屮同源，另一个表数字。

彐，是扫帚须。雪、彗、侵等字中的彐均来源于扫帚。因其一般都由竹枝、秸秆一类的东西制作，故归入本组。

业字头，除了业、亚、严等字是由简化而来之外，一般都与辛（去掉上面的丶）字相连，组成一个复合部件，如凿、業、叢、對等。在叢(丛)、對（对）里，这个复合部件是一株植物。植物有多个头共生，成丛。在凿、業里，关键部件是辛，辛是凿刀。其中的业字头是刀的木柄上所起的毛刺，因锤子击打而成。

乇，像植物弯曲柔弱的样子，不能直立，只能依托于地。

垂字头，显然是植物的枝条向下耷拉的象形。華，中间含有垂字头，是用来指植物的花、果等繁盛，以致枝条下垂。

秭的右部，像植物长势受到遏制的样子。一般只表音。

才，像植物大部在地下，刚刚露头的样子，正是“小荷才露尖尖角”。存、在两字的偏旁是才的变体。

十一、与木、竹有关的部件

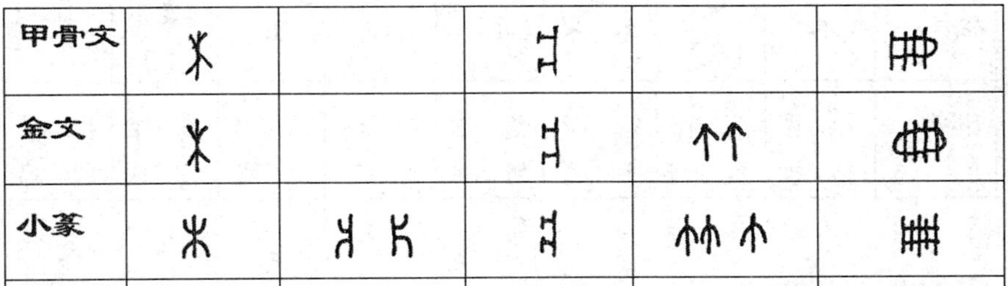

甲骨文					
金文					
小篆					
楷书	木	爿　片	丬　爿	竹　个	册　冊
例字	林　树 桌　查	版　牍 鼎	壮　妆 寐　戕	笋　篮	删　栅 扁　典

图 1-11

说明:

爿、片，从小篆可以看出，它们是将木字竖向分成两半而成的。鼎，本是古代炊具的整体象形，与爿、片无关。

戕字旁或丬，与爿无关，是床（侧向竖置，而不是日常的横置）的象形。床本为牀。与睡觉有关的寐、寝、病等都含此部件。

竹，是竹叶的象形，三片一簇。个，是一簇竹叶。

册，一般是竹简的象形，用绳将多个竹简串起来。但也可能是并排的木头的象形（如栅）、并排的竹管的象形（如龠）。

十二、与粮食有关的部件

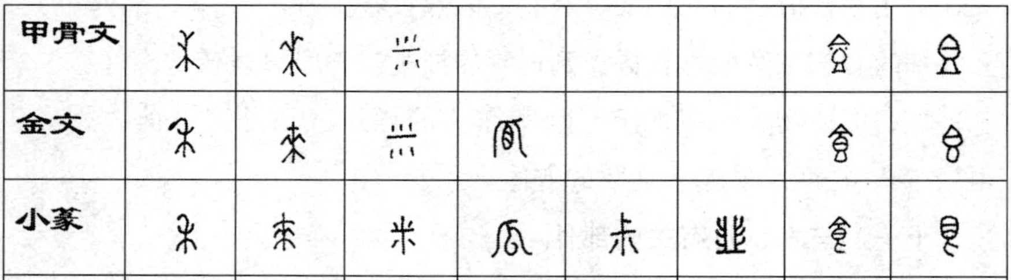

楷书	禾	來（来）	米 釆	瓜	尗	韭	食（飠）	㿝
例字	稻 稷 秸 秒	涞 徕 麦 啬	精 粲 悉 番	瓞 瓠 瓤 瓣	叔 戚 菽	齑 韱 纤 薤	餐 飧 饭 饮	银 垦 即 簋

图 1-12

说明:

来，是麦子的象形，与禾不同的是，麦秆强劲，顶穗而不弯。

米，前面说过，是筛米的象形。釆，与米同源，本是一回事。后来与米有了分工，米指米粒，而釆强调筛分。

食、㿝，都是盛满食物的食器，食有盖子，㿝无盖子。

十三、与容器、食具等有关的部件

甲骨文	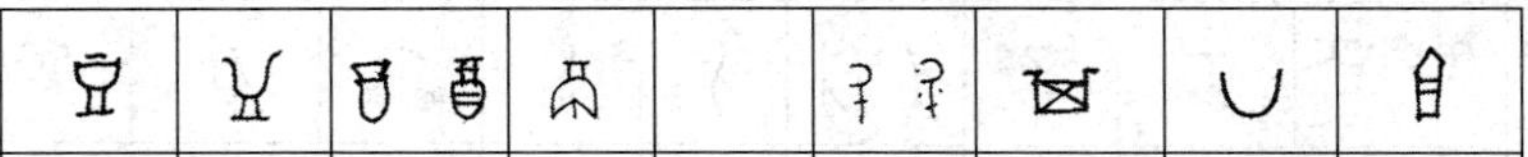								
金文	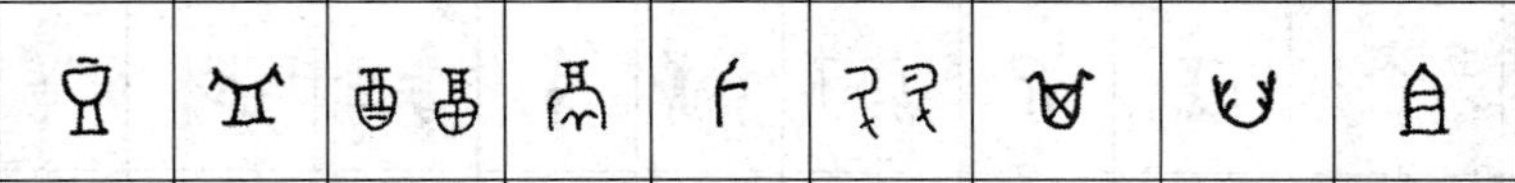								
小篆	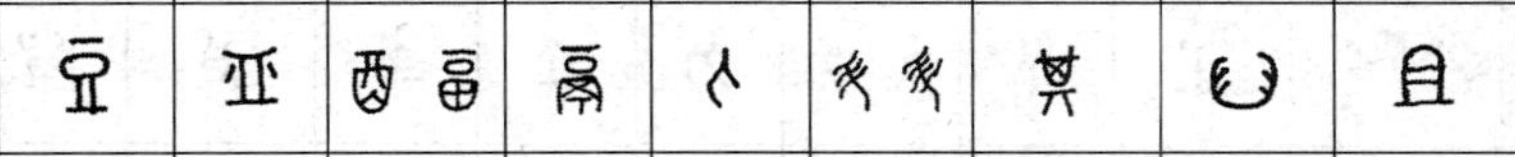								
楷书	豆	皿	酉 畐	鬲	匕	斗 升	其	臼	且
例字	登 豐 厨 鼓	血 盥 盛 盒	酒 福 酋 逼	隔 融 鬻 甗	旨 匙 麀 牝	[illegible] 昇 斡 陞	箕 基 期 綦	舀 歃 毁 舂	俎 祖 宜 助

图 1-13

说明：

豆，是高脚杯形的器皿。但鼓、喜等字中的“豆”是鼓的形状，下部是鼓架，“豆”上的“十”源于插在其上的羽毛一类饰物。

鬲，三足炊具。

匕，作为单字，是取食的工具，但作为部件，有多种来源。“部件趋同”一章将专门讲到。

斗、升，形状相似，斗比升大。早期，升比斗多一些小点，指其用来舀取细碎的东西。

臼，用来盛粮食并加以舂捣的容器，一般用石头制成。其里面的笔划，表示其内壁粗糙。这样可以提高舂捣的效率。

且，有多种解释。比较可信的解释是：俎是面板，可以在上面剁肉，也可以直接载肉供奉于神、祖。

十四、与工具有关的部件

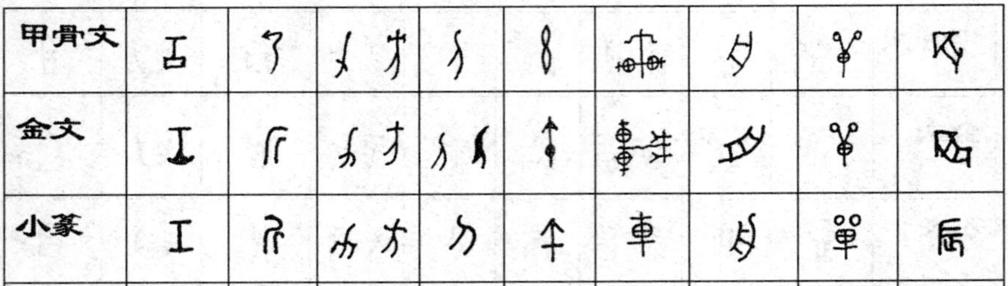

楷书	工	斤	力 方	刀 勹 (刂)	午 丰	車 (车)	舟	單 (单)	辰
例字	巧 左 式 贡	析 兵 斧 斫	办 放 勒 防	刃 黎 利 勿	杵 缶 卸 击	轮 边 软 辔	船 航 般 寿	禅 戰 獸(兽)	蜃 農 蓐 薅

图 1-14

说明:

工，一般由斧头形状演变而来，但少数是工形矩尺的象形，如式中的工。

斤，带柄的斧，柄与斧刃相垂直，相当于现在的锛。

力、方，都是取土或耕地的农具。

勿，含刀字，剩下的笔划是砍东西或宰牲口留下的残渣或血滴。

午，杵的本字。午的另一种形态含在春、秦字里。这两个字的字头都由双手持杵演变而来。但这个形态还有别的来源，如聿是手持笔的象形。

舟，船的象形。

单，有学者认为它的原型是一种捕兽的武器：绳的两端缚以小石头，绳的中部装有柄，抛向奔跑的野兽，可将其绊倒。验之于兽字，可信。兽的本义为猎兽。

辰，犁铧的象形，用来翻耕土地。

十五、与兵器、刑具有关的部件

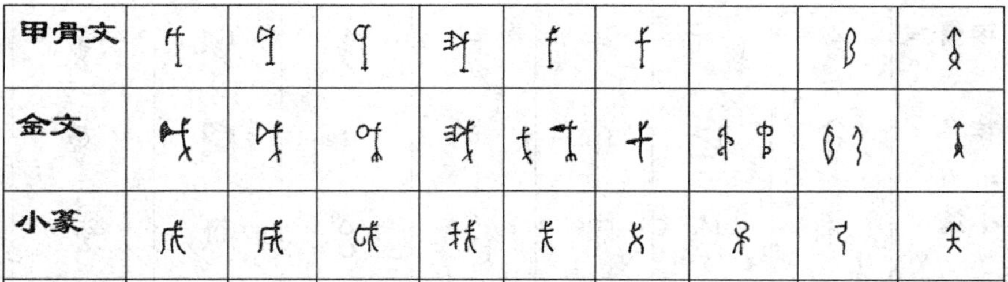

楷书	戊	戌	戉	我	戈	弋	矛	弓	矢
例字	茂 戚 成	威 咸 歳 滅	越 钺	俄 鹅 義 羲	戕 臧 戟 戋	代 式 杙 贰	茅 蝥 鹜 柔	引 弯 强 弗	侯 矰 矫 知

图 1-15

说明：

戊，长柄大斧的象形。

戌，长柄大斧，但斧面有孔通透。

戉，长柄大斧，但斧面呈圆形。

我，类似于长柄斧，但刃是锯齿形，刑具。

弋，用木棍做成的武器，也用来做武器的柄。

矢，箭的象形。

十六、与纺织有关的部件

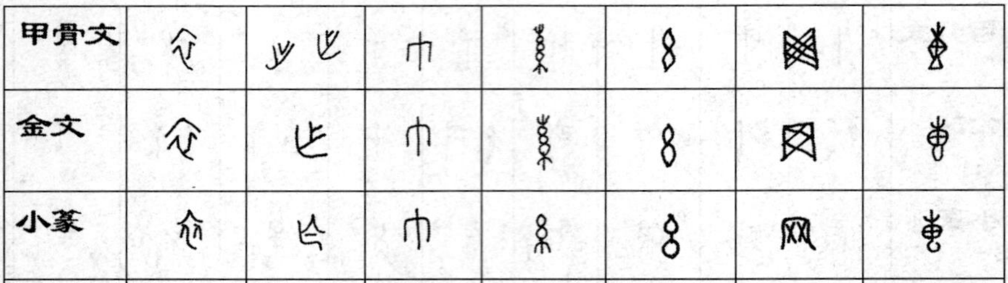

楷书	衣（衤）	乍	巾	糸（纟）	幺	网 罒 冈	叀（叀）
例字	袭 裹 衰 被	作 炸 诈 胙	常 帼 币 敝	系 紫 素 红	幼 幽 麽 幻	罗 罟 罔 岡	專 惠 疐

图 1-16

说明：

衣，突出的是上衣的领部和左右互掩的衣襟。

乍，学者多认为是衣襟的象形。

巾，本是方形帕子。但如果用方形表示，易与表城邑的囗相混。巾一般以一角系于腰带，取其悬挂之形。

糸或纟，是长纤维一类东西扭结的象形，如绳索、丝束等。

幺，也是丝状，强调其细微。

叀，纺专的象形，用它将长纤维捻成线。所举例字疐，上部是叀的省略形与冖的组合。

十七、与遮蔽物有关的部件

甲骨文								
金文								
小篆								
楷书	穴	宀　冂	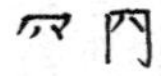	冖　冂	广	厂		良
例字	突　穸 穿　窥	家　向 宋　奥	深　囧 探	军　同 冢　内	庭　庑 庙　库	厦　厝 雁　厕	高　京 享　亭	浪　朗 粮　阆

图 1-17

说明：

宀，是房子的侧视图，为双坡屋面。

穴，像房子里有坡道，指屋里比屋外低，是下沉式建筑。

深的右上角，当与穴同。

广，也是房子的侧视图，但只有后墙，没有前墙（靠梁柱一类来支撑），是开敞、简易的建筑。

厂，也是侧视图，更为简易，甚至是天然形成的，如原、崖。

高字头，显然是一座建筑，但往往建在台基、支架之上。

良，这是建筑的平面图，两端有廊道。也有学者认为是表示房子通风透气。

十八、与框形有关的部件

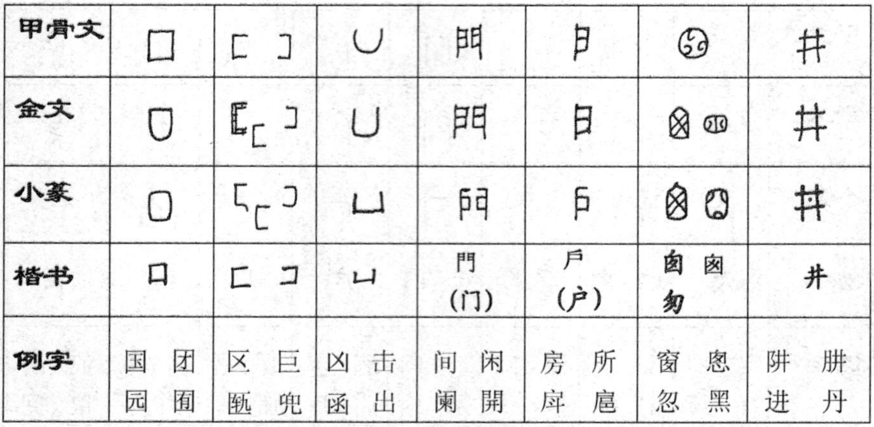

甲骨文							
金文							
小篆							
楷书	口	匚 コ	凵	門 (门)	戶 (户)	囱 囪 匆	井
例字	国 团 园 囿	区 巨 瓯 兜	凶 击 函 出	间 闲 阑 開	房 所 戽 扈	窗 悤 忽 黑	阱 肼 进 丹

图 1-18

说明:

匚，一般指凵形的器具等，但被侧置，如匣、匡、匪（本义为篮子）等。

凵，多指坑。

门，源于双扇门。但是，简化字里，有些“门”是由鬥（战斗的斗）简化而来。

户，单扇门的象形。

囱，本是窗户，包括天窗。所谓烟囱就是排烟的窗口。

井，是井口四周井栏的象形。

十九、与天空有关的部件

甲骨文	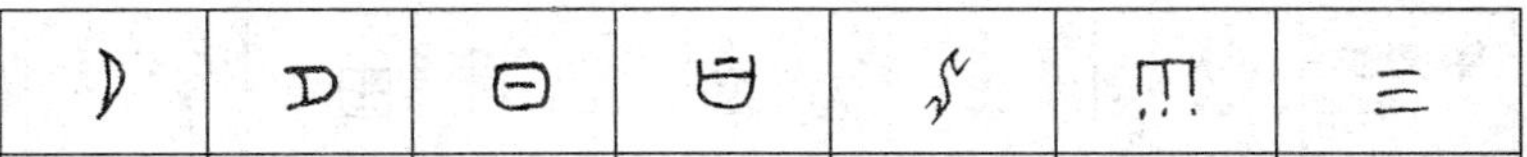						
金文	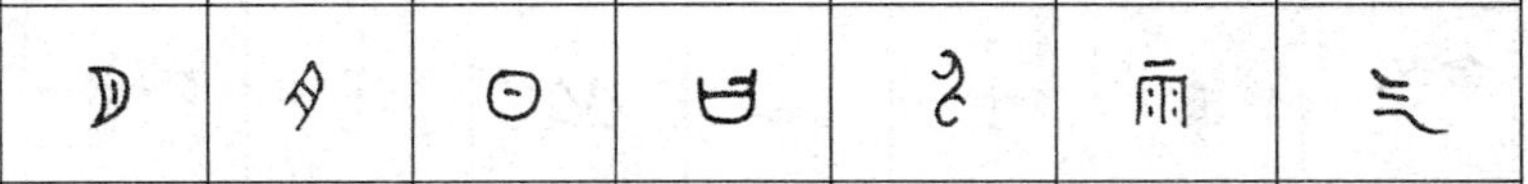						
小篆	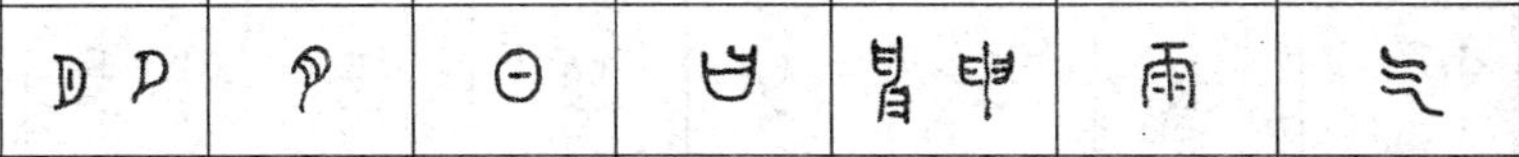						
楷书	月　夕	月 （肉）	日	曰	电　申	雨	气
例字	望　名 霸　飧	肝　炙 祭　腐	暖　驲 晦　晒	沓　汩 曾　昌	曳　神 洩　伸	露　漏 雾　需	氤　氧 饩　乞

图 1-19

说明：

月（肉），学者认为是动物屠宰后剥过皮的头部，像龇牙咧嘴形，以此来表示待烹饪的肉。否则，不好表示肉的形状。后来，作为表示人体与动物组织、器官的部件，与月亮的月相混。

曰，口上有一横，表示说出来的话。本应与口归入一组，但作为部件，与日不易区分。故归入本组。

电、申，本是一字，是闪电的象形。神从申，以其可畏。到了小篆，很容易让人看成用双手拉伸一弯曲的物体。

雨，大概是用屋子里滴水表示下雨。

气，天上因风而形成的带状云气，表示风。

二十、与大地有关的部件

甲骨文					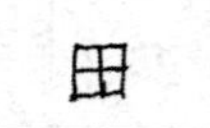	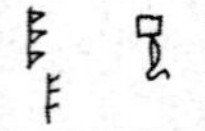	
金文						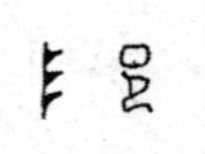	
小篆	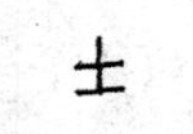	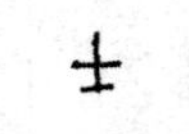			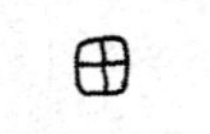	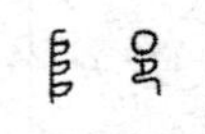	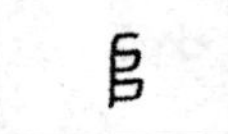
楷书	土	士	山	丘	田	阝 左阝 右阝	𠂤 (㠯)
例字	地 凷 坚 垂	牡 毐 壮 壻	岭 崔 豳 岔	邱 岳 虚 蚯	亩 畴 男 佃	阶 邓 除 郡	追 薛 阜 官

图 1-20

说明:

土，地上的土块。

士，表示雄性器官，本应归入人体或动物之类，但作为部件易与土相混，如指公牛的牡，应从士而不应从土。

虚，本应作虗，其中的业是丘的讹变。

左阝，源于阶梯。以阝为左偏旁的字，除了表示阶梯本身外，还表示升降、高低。

右阝，本是邑字。邑是人口聚居的地方。

阜字头，似两座山或土堆，既表示高的意思，又有分别、分头的意思。

二十一、与水及三有关的部件

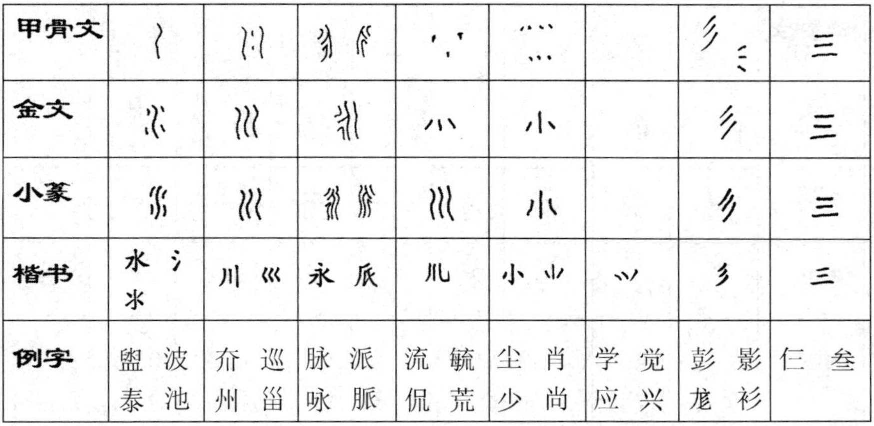

图 1-21

说明：

永和派字右部，左右完全对称的两个部件，像水合流或分流。从字义判断，永是合流，有长、久之义；派字右部为分流，派即承其字义。血脉之脉也写作脈或衇，因其有合也有分。

小，原型是三四点碎屑或小颗粒，以指细小。肖字头，即是小；但尚字头不是：尚是向字加两点。党、常、裳、堂等上部均为尚。

学、觉、应、兴等字中非对称的三点均由简化而来，史无前例。

彡，具象的，指毛发；抽象的，指光影、声音等。

二十二、与材质有关的部件

甲骨文									
金文									
小篆									
楷书	金（钅）	貝（贝）	石	瓦	玉（王）	王	壬	丰	龶
例字	鎏 铁 釜 铜	赐 贡 财 员	砥 磨 柘 泵	瓶 瓷 瓮 甄	珏 钰 弄 理	狂 皇 往 匡	任 妊 廷 淫	蚌 邦 逢 豐	表 青 毒 素

图 1-22

说明：

本组除了表材质之外，还合并了具有三横一竖的符号，因其与金、玉有字形上的相似处。

金，当是犁铧在土中的象形。甲骨文时代尚无此字。青铜器时代，金属才得以在生产中大量应用。

瓦，是出现得更晚的字，像瓦片仰覆迭盖。

玉，做左偏旁时，呈“王”形。因易与王相混，故将王归入本组。王是一种斧头的象形，大概是权力的象征。

壬，作为单字和表 ren 这个音的部件，早期呈工字形，可能也是一种工具。作为单字一般只见于天干。作为表意部件或 ting 这个音的部件，源于人站立于土上（也是地上）的象形。这个部件往往也讹变成“王”形，如望、聽字中的“王”。

丰，像土上一株挺立的植物。丰神、丰采应源于此。但注意，丰收的丰是豐的简化。甲骨文学者还提出丰的另一来源：衣缝——一竖是缝，几横是线脚。

表、青、素、毒、责等字头，其来源各不相同。

二十三、与占卜问神有关的部件

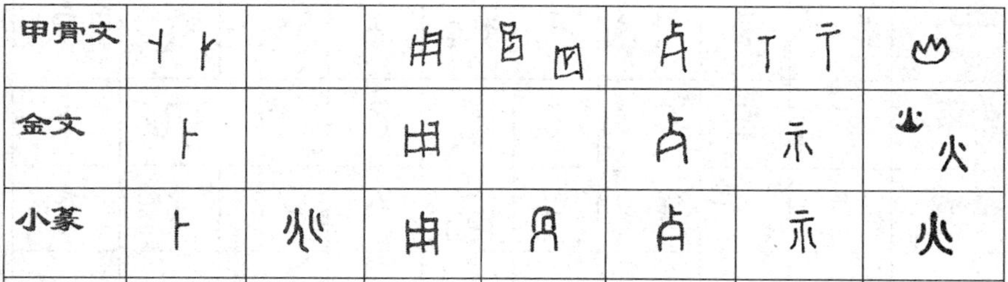

楷书	卜	兆	用	冎	歹 歺	示（礻）	火 灬
例字	卦 贞 占 朴	桃 洮 晁 鼗	甬 庸 甩 角	咼 骨	残 粲 歿 睿	祭 神 禁 祈	灾 然 烤 烹

图 1-23

说明：

卜，当是以火炙龟板的象形。古人以此来占卜。一竖是龟板的侧视图。

兆，当是龟背裂纹之形。古人在炙过龟壳后，通过裂纹来解读占卜结果。

用，龟的腹板的形状，用于占卜。

咼字头，也是骨字头，是用来占卜的牛肩胛骨的形状。往往要将其切去一角。

歹、餐的右上角，是占卜过的残骨。

示，源于 T 形石堆，与蒙古的敖包类似，供人举行祭礼。

二十四、与弯曲形状有关的部件

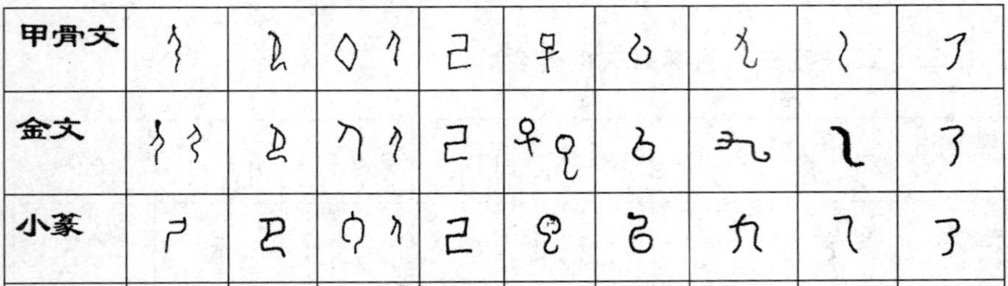

楷书	尸	卩 㔾 マ	勹 ⺈	己	巳 (已)	厶	九	乙	乃
例字	尾 局 尺 屡	节 即 犯 令	包 色 匈 久	配 妃 岂 杞	祀 异 汜 包	矣 私 台 以	轨 究 鸠 旭	艺 亿 乞 轧	奶 孕 仍 盈

图 1-24

说明:

尸，像人蹲踞之形。

卩，是人跪坐之形。

勹，是人弯腰之形。甲骨文中的包字头则取围合之形。色字头是人形，由于现与勹相近，也归入本组。

己，绳索一类的东西盘曲之形。

巳，原型就是子。作为单字，一般只见于地支，作为部件，多表音，但在包字中表意。

厶，象形不明，作为部件，多表 yi 和 si 的音，包括台，也读如怡。

九，带钩的象形，借用为数字。

乙，来源不一，但都源于曲线形状。

乃，是乳房的侧视图。

二十五、与辛、心二字有关的部件

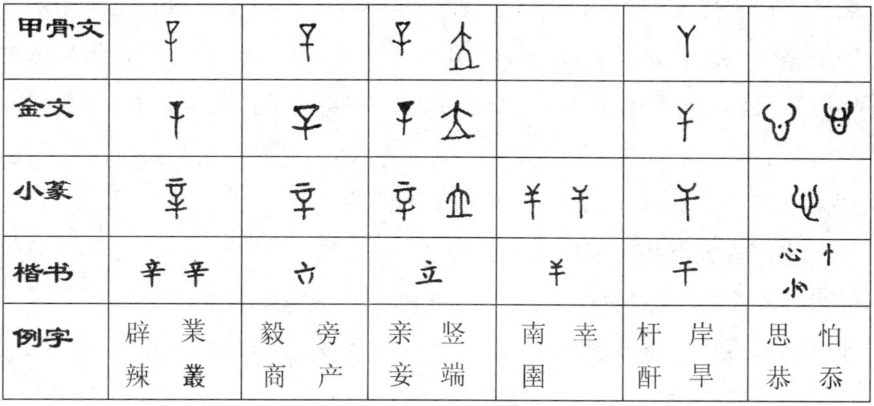

图 1-25

说明：

辛，一种刀具，上面是柄，下面是刀尖。作为部件，非常特殊，往往被简化。且简化程度不同，有的少一点，有的少下面一横，有的被简化成立，甚至简化得比立还少一横。当然，今天，我们看到的立或者比立还少一横的部件，有些是辛的简化，有些不是。一般来说，立是人站立于地的形状。鉴于辛的特殊性，把与辛的笔划相关的部件都归入这一组。

心，很难说就是心脏的象形。从金文看，也有可能是颅骨之形。古人一直认为心是思维器官。金文中心的一点可能指心所在位置。因与辛同音，姑且归入辛这一组。

二十六、不便归类的两笔划部件

说明：

至此，作为象形字的部件基本梳理完毕。但还剩下少数部件，多为两笔，如八、丁、入、刁。这些部件有的比较抽象，有的来源不明，如：八，可能有分开的意思；入，是一个锐角；丁，在金文中是一个黑疙瘩，在甲骨文中是一个圈，是什么东西，还说不清。刁，还不清楚其原型是什么。总之，不便归类。还有些部件来源很多，不结合具体的字，很难说清它是什么东西。比如，不少字头都有两点，如：前、兼、兰、兹、并、首、遂、半、曾、弟、酋、尊、兑等，它在每个字中所起作用都不同。这里就不展示它们早期的写法了。

注：将汉字基本部件按以上分类方式分为 26 类，再将其与计算机键盘上的 26 个字母键相对应，这一做法已获得发明专利，专利名称为“字理码键盘及字理码键位分布方法”，专利号 ZL01144934．9。

整体象形演变成若干部件的组合

除了组成所有汉字的基本部件之外，还有一些极少数的字，在今天看来，是由若干部件组成的，但最初是整体象形，要么是某个完整事物的象形，要么是某种情境的象形。由于不断演变，成了由若干部件组成的字。这种字，如果追究这些“部件”起什么作用，往往是毫无意义的。下面也举几个例子。

		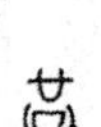	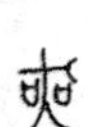		
舞	爵	燕	丧	穆	易

图 1-26

说明：

舞的初期形状，主体是一个人（大），双手各持一道具，表示起舞。虽然不够生动，但结构清晰。到了小篆，保留了大字形，但“道具”变复杂了，且突出了双脚（舛，左部的“夕”实应为夂），大概是为了强调舞步。今天的舞，除了下部的双脚继承了小篆的以外，上部结构完全混乱。

爵，古代的饮酒器，在古装戏里还能见到。杯口有流（嘴），便于倾倒；杯口还有两根小柱，让人觉着喝酒的时候碍事，据说是为了提醒你不要一饮而尽，要节制；杯底有三根支腿。在甲骨文里，它是一个非常清晰的象形字。到了金文，在右下方加了一只手，这就是爵字中“寸”的来源。到了小篆，就让人看不懂了。

燕，大概是古人特别重视这种鸟，为它单独造了一个字，而不是用鸟、隹这样的部件来表示。早期的燕字突出了其剪刀形的尾巴。小篆里隐约有其特征，今天完全看不出来了。今人居然为其编了一个字谜：“毛泽东提出革（革字头）命，周恩来一口赞成，朱德北战南征，彭德怀四海招兵。”

穆，早期形状一望而知是植物成熟、籽实饱满的样子，甚至有些籽粒开始脱落。大概是用其沉甸甸的样子区别于一般植物的轻盈、随风摇曳，以表示庄重之态。

丧，早期形状中，有一株树、两三个口。有的学者认为，这株树即桑树。桑既为丧表音，也是会意成分。两三个口即吃桑叶的虫（可能就是蚕）。甚至有学者认为，古人曾将蚕在树上放养。此字与蚕事是否相关，不好说，但基本上可以肯定，这是用虫将树叶吃光、树可能因此而枯死来表示丧失或丧亡。丧的繁体为喪，还保留了两个口。

易，早期字形显然是从一个器皿向另一个器皿里倒水（也可能是酒一类的东西)，以表示事物的此消彼长，即变易。后来省略了一个器皿，只剩一个倾斜的器皿在倾倒。因变化较大，后人不知其来由，胡乱臆猜者大有人在：有人认为这是蜥蜴的蜴，以其善于变色表示变易；有人认为易字上日下月，以日升月落表示变易。可笑如此。

当然，还有一些整体象形字，现在也变成若干部件的组合，如：南，一种悬挂的、类似于编钟的乐器；庚，本是左右对称的字，也是钟一类的乐器；帚，扫帚的象形；帝，有学者认为是稻草人的象形，虽不是定论，但它是一个整体物事，这是无疑的。恕难一一例举。

这正是：

仰天俯地写自然，一脉相承数千年。

莫怪今人多不识，还朝甲骨溯根源。

第二章　变隶之繁

看过《三国演义》的朋友可能还记得：董卓想篡刘氏帝位，结果被诛。被杀的前一天晚上，他在帐里听到十几个小孩唱歌："千里草，何青青，十日卜，不得生。"董卓不解其意，问李肃，这童谣是吉是凶。李肃胡乱应付过去。作者当然是想说，这是董卓死的先兆——千里草(艹)即董，十日卜即卓，不得生即死。这个童谣在《后汉书·五行志》里也有记载。假如这个童谣是真的，说明东汉时代的文字已由小篆演变为隶书了，并且已流行开来。因为，在小篆中，董、卓两个字是拆不出千里草、十日卜的。发生在秦汉之际的由篆而隶，可是汉字演化史上的一件大事。说隶书之前，我们关注一下篆书。

秦代真的做到"书同文"了吗

今人有制作百福图、百寿图的，能写出一百个不重样的福字、一百个不重样的寿字。这不奇怪，从存世的青铜器铭文中，我们可以拓出200多个不重样的宝字（见图2-1①）。不过话说回来，宝字的写法虽然

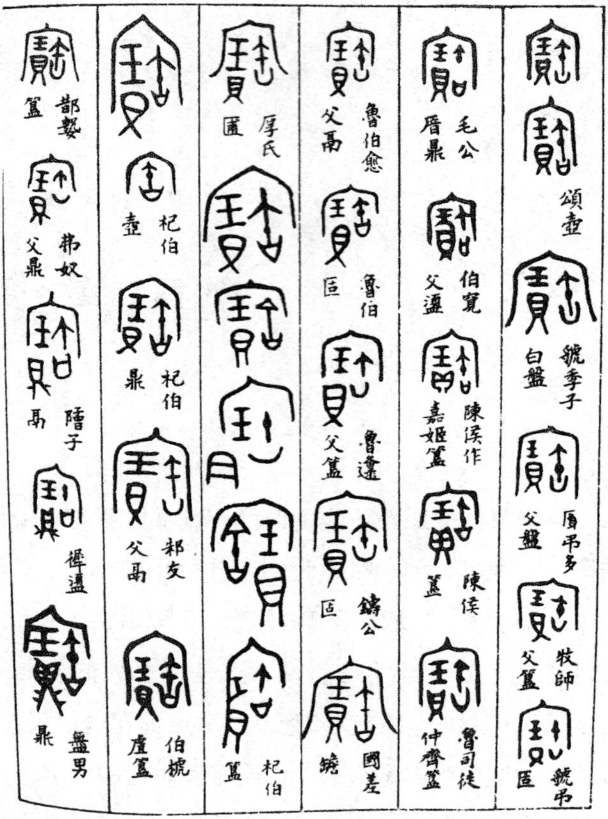

图 2-1①　寶字的写法。摘自《金文编》。

各异，但大体上，基本部件是一样的：都含有宀、玉、缶、贝，这与今天流行的繁体寶是一致的。只是小部分铭文中部件摆放的位置不同。还有极少数的铭文，有的缺贝，有的少玉，有的缶字少凵，只剩午。有可能它们就是当时的简化字，只不过是擅自简化。隹，是鸟的象形，青铜器铭文中同样很多（见图 2-1②），它们描摹的鸟的特征，也都一样，只是所谓的笔划有所不同。那时没有印刷体，能做到如此统一，应该说，至少在周代，汉字大致是有规范的。即便是在春秋战国时代，在政治、军事上，各国各行其是，在文字上大家还是遵守一个大致共同的标准。看到这一点，有助于我们恰如其分地评价秦朝在统一文字中所起的作用。

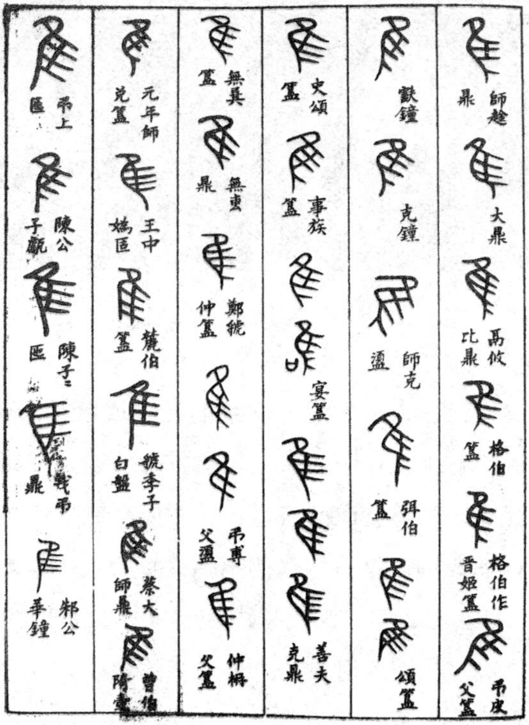

图 2-1② 隹字的写法。摘自《金文编》。

学者认为，秦代统一文字值得肯定的主要有三点：一是每个象形字的笔划统一。二是规范了部件构成。如寶字必须由宀、玉、缶、贝这四个部件构成，不可少，也不可多。三是将每个部件的位置固定下来。就像秋字有两种写法：一是秋，一是烁，但规范的写法只能是秋。而在此前的大篆甚至甲骨文中，部件的位置上下左右挪移是较常见的。应该说，这些做法建立在前人的基础上，并且尊重了此前的文字主流。

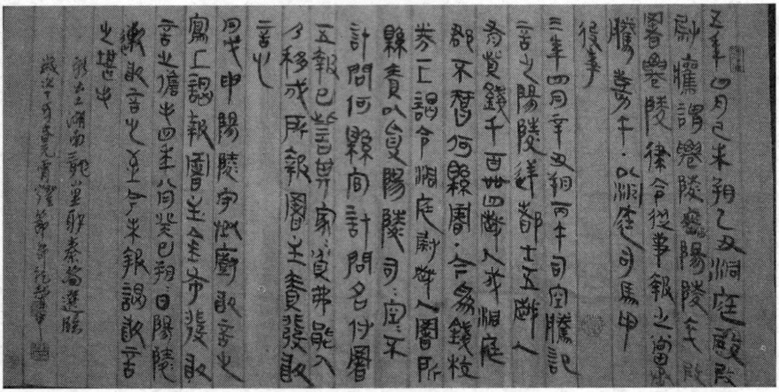

图 2-2　里耶秦简临摹作品。

可能有不少人认为，秦朝统一文字的最大成就是所谓的李斯小篆，但就其对当时的影响来说，可能并不如想象的那么大。因为其通行的时间不长，到了汉代，隶书就逐渐流行了。即便是在秦代，人们也在大量用隶书写字（见图 2-2）。这有当代的出土文物为证，如湘西的里耶秦简（见图 2-3、图 2-4、图 2-5）、湖北睡虎地秦简，数量巨大，都是隶书作品。在秦代这样高度集权的时代，有那么多的隶书，文字是否真的统一到小篆上，存在疑问。即使同是篆体，汉篆也没有完全继承秦篆的写法，最常见的“也”字的写法就不一样。

为什么一说到秦代的文字，人们常常想到的是小篆，大约与后世很少见到秦代的隶简，而只看到秦始皇留下的泰山石刻、琅琊石刻等拓文有关。这些为秦始皇歌功颂德的石刻都是用笔划宛曲优雅的小篆写成（见图 2-5），也深受后世书法家、印刻家的追捧。这些艺术家也为小篆的广泛传播作出了很大贡献。

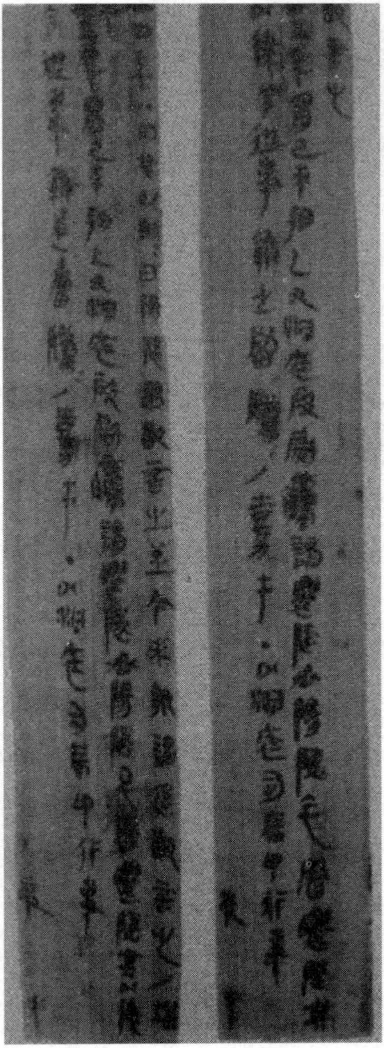

图 2-3　里耶秦简。

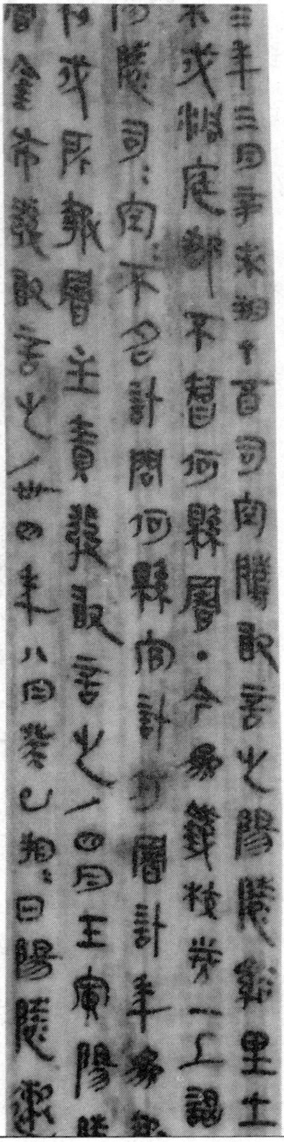

图 2-4　里耶秦简。

图 2-5　泰山刻石。

也许秦始皇统一文字的政治意义更大于文化意义。我们都知道，焚书坑儒事件，就是李斯奏请、秦始皇颁令实行的。出发点就是防止和扼杀时人对朝政的非议，而且从源头上做起。因为很多书都会启发人们从不同的角度看待问题。另外，为秦始皇歌功颂德的琅琊（《史记·秦始皇本纪》中作琅邪）石刻上标榜“匡饰异俗”，如果用今天的话来说，这是消灭文化的多样性。从这些对“公共文化”的破坏而不是建设上来看，当时的统治者是短视的。这也是秦朝短命的原因之一。秦始皇的“书同文”未尝不是作为体现其高度集权的手段之一。

由篆变隶是大众的选择，不是精英的选择

然而，大众并不买秦始皇、李斯的账，也不买艺术家们的账。他们只注重文字的传播功能，注重书写的效率，摒弃了小篆形如蚯蚓的笔划，倾向于横平竖直的隶书。隶书奠定了今日楷书的基础。实际上，隶书与楷书的区别仅是书写风格不同而已。

为什么说隶书是大众的选择，这要从隶字说起。隶，本来是隸。按《说文解字》，隸以柰表音，以隶表意。这个隶中的氺字形是由尾巴形状演变而来，隶的其余部分是一只手。隶字就像用手去揪动物的尾巴，基本就是逮的意思。不管是逮别人的皂隸（衙役一类，被后人称为"狗腿子"），还是被人逮的奴隸，都是社会下层的人。那个社会的结构是金字塔形的，下层人民当然居多。隸书就是指下层社会所用的书体，没有小篆那样讲究、堂皇、优雅。称谓本身可能就有贬损的含义。

从这些被称为"隸"的人开始书写文字来看，文字此时已经不仅仅是为王公贵族们服务、记载重大事件、颁行法律的工具，已进入百姓的生活，如通信、写契约等。出土书简的内容也说明了这一点。因此说，由篆而变隶是汉字演变史上非常关键的一步，说它是转折点，说它是里程碑，都不为过（变隶的过程实际上是一个漫长的过程，秦汉之后的隶书还在渐变，但秦汉之际的隶变最为显著，奠定了隶书的基本写法）。我们将以后面的分析来说明，它的影响也许超过了秦始皇推行的小篆。两者的不同还在于，前者是大众的选择，后者是靠权力的推动。

遗憾的是，作为历史的必然，汉字变隶的过程中，缺少像李斯这样精英的参与，缺少理性的分析与整理。变隶本来是为了让书写更平易、让文化水平较低的人们（不可否认，总体上下层人民文化程度低于上层

社会）更容易掌握并运用汉字，可惜，前者做到了，后者可能事与愿违。

我们试比较一下掌握小篆和隶书的难易，不妨套用学者解《易经》的路子，从象、理、数三方面来说明。

一是象。作为象形字，汉字在几千年的演变过程中，其象形度总体上是逐渐衰减的（详见第一章)。比如说：日字本是太阳的象形，现在成了方块；车字原来能看出车轮、车辕，现在让人莫名其妙。虽然小篆比起之前的大篆来，离原形较远，但小篆的象形度又明显优于隶书。隶书笔划中，直线条明显增多。我们知道，象形字大多是描绘物体的轮廓的，而自然界中，物体的轮廓呈直线的很少。在象形上的表现力，隶书自然不如小篆有优势。

显然，作为象形字，越接近其原型越容易辨认。也就是说，在掌握象形字时，小篆的难度比隶书小。

二是理。一个字含有若干部件，这些部件要么以会意规则、要么以形声规则凝聚在一起，这就是字的“理”。理在造字之初就存在于这些字里。后人解字就是要找到隐藏其中的理。小篆中的理是很清晰的。变隶后，由于有些部件趋同，有些字里的若干部件合并成一个部件，“理”就模糊了。比如，前字中本有舟，有舟（船）才能向前进。舟变成月，就没法解释了。再如，票、僊（简化为仙)、遷（简化为迁）这三个字在小篆中，有几个共同的部件，表上升之义。因此，票本有飘的意思，僊可能有升天的意思，遷有向高处搬移的意思。这几个共同的部件变为覀，让人不知所以了。

也就是说，从字理角度来说，小篆的字理较清晰，隶书的字理就有些模糊。当然，字理越清晰的越好掌握。

三是数。这里的数不是指汉字的总数。不管每个时期汉字总数有多少，人们常用的也就几千个字。对于一般人来说，总数的多少无关紧要。这里的数指的是汉字部件的数量。隶书中部件的数量远远大于篆书中部件的数量。是因为隶书中大量创造了新的部件、新的象形字吗？不是！主要是篆书中的一个部件到了隶书就分化成几个的缘故。

下面专门辟出一节来讲部件数量的变化。

隶书部件的数量远大于小篆

我们就部件作具体分析。部件数量变化大概有四种情况。

一是小篆中的一个部件到隶书中分蘖出几个部件，就像孙悟空使分身术一样。

篆书中的心只有一种形式——隶书中有心、忄、⺗（恭字底、忝字底等）三种形式；

篆书中的手只有一种形式——到隶书中有手、扌两种形式；

篆书中表右手的又只有一种形式——隶书中有又、𠂇（右、有、友、灰字头）、彐、寸、㇇（史去口）、𠁽（朮去一撇、一捺）六种形式；

篆书中有一种表双手的部件只有一种形式——隶书中有廾、大、𠀎（共、兵、具字底）、𠘧（丞去了、一）四种形式；

篆书中表脚的止只有一种形式——隶书中有止、疋字底两种形式；

篆书中的人只有一种形式——隶书中有人、亻、儿三种形式；

篆书中表人屈身或下跪的部件只有一种形式——隶书中有卩、犯字的右部、令字底三种形式；

篆书中表人躬身含胸的部件只有一种形式——隶书中有勹、危字头两种形式；

篆书中的犬只有一种形式——隶书中有犬、犭两种形式；

篆书中的牙只有一种形式——隶书中裂变为牙、与两种形式；

篆书中的刀只有一种形式——隶书中有刀、刂、黎字右上角三种形式；

篆书中的已只有一种形式——隶书中有已、巳两种形式；

篆书中床这一象形只有一种形式——隶书中有丬、爿两种形式；

篆书中的册只有一种形式——隶书中有册、冊两种形式；

篆书中表草木初生形态的屮只有一种形式——隶书中有屮、十、每字头三种形式；

篆书中表杵形的午只有一种形式——隶书中有午、奉字底两种形式；

篆书中的电只有一种形式——隶书中有电、申两种形式（曳，去一撇也就是电，姑且与电算一种形式）；

篆书中的水只有一种形式——隶书中有水、氵、氺三种形式；

篆书中的川只有一种形式——隶书中有川、巛、荒和侃的字下部三种形式；

篆书中的火只有一种形式——隶书中有火、灬两种形式；

篆书中表残骨的象形只有一种形式——隶书中有歹、餐字右上角两种形式；

篆书中的衣只有一种形式——隶书中有衣、衤两种形式；

篆书中的示只有一种形式——隶书中有示、礻两种形式；

篆书中的门只有一种形式——隶书中有门、冖两种形式。

由于以上部件的分蘖，隶书就比小篆多了 35 个。

二是小篆中的两个部件合成了隶书中的一个部件，成为一种符号。原来的那两个部件还保留着，新的符号就是多出来的部件。这就像两个参赛的歌唱演员，除了各自报名参赛外，又组合起来，报名参加二重唱。这样就多了一组参赛者。

辶——我们现在说的“走之”，实际上是由彳、止这两部件演变而来。有些版本将它写作辵。彳是行字的省略形，行指道路。而止本是脚的象形。辶就是走路。彳、止是两个常见的部件，这样，隶书就多了一个辶这个部件。

癶，癸、登、發（今简化为发）的共同部首。这个部首实际上是两只脚：一个止、一个反写的止，即一只左脚，一只右脚。这左右脚是分不开的。这样，隶书就多了个癶。

乑，聚字的下部，在小篆中能清晰地看出是三个并排的人字，在这里会意。另外，还有一个衆，现简化为众，下部也是乑，同样是三个人。因此，隶书中凭空多出乑这个部件。

之，在篆体里，上面是止，下面是一横，像脚出发、走出去的样子。变隶之后，不好在止下面加一横。这样，隶书就多了个之这个部件。

秭、姊的右部，是合成部件，一般表 zi 的音。它本可视为在中这个部件中一竖下部加一乛。这样隶书中我多出这个读 zi 的部件。

疒，俗称病字头，是由人、丬这两个部件组成。丬横过来就是一张床，人在这里演变成亠。疒实际上是会意字，人在床上为病。这样，隶书就多了疒这个部件。当然，也可以仍然将疒视为亠、丬这两个部件，不算独立部件。

由于部件的组合形成一个新的符号，隶书比篆书至少又多了 5 个部件。

三是小篆的一个部件还可以有不同的表现形式，如旋转一个角度、稍加变形、增加一点笔划等，成为一个新部件，又与原部件密切关联。一般人一看就知道。但这些旋转或稍加变形后的部件在隶书里几乎看不出与原部件有什么关联，除非有二郎神那样的三只眼，能看穿孙猴子的诸般变化。下面举 13 组部件来说明。

身，这是一个整体象形字，原是一个大肚子（朝左）的人形，可能是孕妇。殷的左部是反写的身字，或者说它与身字是左右完全对称的。殷的左部是大肚子朝右的人形（见图 1-4）。这在小篆中很明显。应该说，肚子朝左与朝右没有什么区别。而现在，可能很多人不知道这一点，对于他们来说，殷的左部是一个怪异、诡秘的部件。在小篆中，你完全可以将它们视为一个部件。

子与育字头，本是一对互为颠倒的部件。子是小孩，后者就是倒过来的小孩（见图 1-4）。这在篆体中也很明显。为什么将小孩倒过来呢?是有道理的，如小孩刚生下来，都是脑袋冲下的。毓、育这一对同音字即表示生育，它们都含有育字头。还有表示弃婴，用双手倒提着小孩就是弃。弃字下部的廾就是由双手演变而来。周人的祖先中有一位叫弃。他的母亲生下来后，数次抛弃他，都给抱了回来。现在的育字头似云非云，已看不出与子的关联。

永与派的右部，本是一对左右互反的部件。它们是两股水合成一股水或者说是一股水分成两股水的象形（见图 1-21）。永，用两股水合成一股水，寓意源远流长，泛指长，如永夜就是长夜，永巷就是长巷。派的右部强调的是水分开。因此，水分成几股，其中的一股就是一派。流派、分派等词即由此得来。脉也写作脈，都说得通，因为人的血脉或是由分而合，或是由合而分。脉还可以写作衇。现在的永与派的右部，看上去没什么关联。

有关脚的形状现在就有多个部件。步，在篆体中上面也是止，下面是反写的止，这也是两个左右互为对称的部件，表示一个人的左脚、右脚。但现在上下两个部件看不出其对称关系。夂、舛的右部，这也是两个互为对称的部件，也是一只左脚、一只右脚。舛的左部实际上应为夂，因书写中需“让”右边，就变成了夕。舛是左右两脚错位，以指错乱、不顺，如命途多舛，即命不好。舞字下部为舛，则是舞蹈中常见的现象——左右脚错位，也区别于正常的走路。降，右部也是一上一下两只脚，指向下走。另外，韋，字的上部与下部也是两只脚，尚能看出二者的关系——互为颠倒。这是两只脚向相反的方向走开。此字会意为两人向不同的方向走开，离开中间的场地（口），指分离。现简化为韦，字义相当于违的本义。

在小篆以前，脚的形状更分明，脚的特征清晰可辨，无论是左脚、右脚，脚趾朝哪个方向，一目了然（见图 1-3）。到了小篆，其象形度大大降低，还分化出不同的部件，脚趾朝上的与朝下的，已是完全不同的符号。以至于东汉《说文解字》的作者许慎不知道夂是什么东西。这个表示脚趾朝下的右脚的夂，被他胡乱解释为“象人两胫，后有致之者。”只说明他隐约知道夂与脚有关。

从有关脚的部件演变上，就能清楚地看到汉字的象形度是如何衰减、部件又是怎样因分蘖而繁复的。

彳与廴，在篆体中可明显看出，廴是彳的稍加变形的结果。彳是行省略了右边的结果（说明古人也是爱简化的）。行本指道路，彳当然还是指道路。篆体中廴就是将彳下面的一笔拐弯、拉长，无非指道路漫长。现在完全看不出二者间的关系。

有关手的形状现在也有多个部件。前面已经介绍了篆体中的手、表右手的又、双手在隶书中各自分成了若干形式。这几种情况有个共同点：都是举起来的手，手指在上，手腕在下。下面要说的手则相反，手腕在上，手指在下。盥，是双手从盆（皿）中往上捧水，表盥洗。盥字上部两侧是双手。采，是一只手在树上采摘的景象，如采茶叶、采花等。孚则是用手安抚小孩的景象。印，左部是一只手，右部是一个下跪的人。印实际上是用一只手摁住一个下跪的人。印的本义应为摁。摁也许就是印的异体字。这几种手势在篆体中角度不同，向上捧与向下摁，角度肯定是不一样的，但手的形状基本上是一样的，但现在有了较大差别。

竹与个，都是竹叶的象形。只不过竹是两簇，个是一簇。旧时文人将《诗经》中的“竹苞”两字为人题匾，影射“个个草包”，是有依据的。《红楼梦》第十八回有描写竹子的诗：“竿竿青欲滴，个个绿生凉。”这里的个用的也是本义。现在的竹与个倒能隐约看出其中的关联，但这层窗户纸不捅破，许多人还是不知道。

门与户，分别是双扇门、单扇门的象形。在小篆及其以前，户，一看就知是半个门。变隶以后，门、户看似两个不相干的部件。

口、曰、甘，后面两个字都是从口衍生出来。曰在篆体中是口字上面加一笔，大概是指由口中说出来的东西。曰就是说。甘在篆体中是口字中间加一笔，是指嘴里含有东西，并且是好吃的东西。凭什么说一定是好吃的东西呢？因为口字在篆体中本来是两个嘴角上翘的形状，是笑模样。所以，甘指味道好。这三个字今天的形象关联度也不高。

丂、亏、于、平、乎，这五个字在篆体中都含有丂这个关键部件。其中亏、于本是一个字。当然这里的亏不是吃亏的亏（繁体中作虧）。丂，按《说文解字的》说法，丂是气流经弯曲的呼吸道（下部的竖折弯）呼出后受阻（上部的一横）。此说不知对不对，但丂与呼气相关倒是无疑的。亏（于）是将气舒出来；平本指呼气均匀；乎应是呼的本字。但现在的于、平、乎三个字中看不出丂的迹象。

月、夕，这两个字最初是同一个字，都是半月的象形。到了小篆，大约是有了不同的分工，月指月亮，夕指晚上。字形上也就有了差异

——月比夕多了一笔，而外廓完全一样，仍是半月形。以至于《说文解字》的作者许慎以为：夕是在月字的基础上减去一笔形成的。他还作了牵强附会的解释。今天已不容易看出这两个字有什么关联。

另外，夜的右下角这个部件也是月字，用月来表示夜晚。大概当初是斜月形，为了这个字的平衡感，将月的末笔拉长，以起到支撑作用。不经点透，人们也很难看出这个部件与月的关系。以至于五笔型输入法中，将它视为夂中加一点。

女、母、毋，这三个字在篆体中有一共同点，都含有一个女字。母只比女多两点；毋只比女多一撇。母字中的两点来自女性的乳房，是为了突出其哺乳的特征。毋字下面多出来的一笔，有不同的解释。一说是指女性的月事，来月事期间就不能“要”了。另一说是指男性的生殖器，但被拒绝了。这二说似都能解释毋为什么做否定词。今天从字形上看不出女与另外两个字的关系了。

又、攵，又本来是右手的象形，攵则是右手持东西的象形。放、牧这两字都含有攵，这个攵就是手持鞭子，用来赶牛。在小篆中，对应于攵的这个部件，明显地含有“又”，与支的形状接近。今天的敲、寇字中都含有支。在这两个字中，支都是手持工具或兵器击打。寇是在屋子里（宀）人的头部（元）受到击打，会意为遭到侵犯。今天我们已看不出又与攵有什么关系了。

人、氏，在小篆中，去掉氏字中的一横，就是人。反过来说，在人字对应于上肢的部位，加一横就是氏。这与在木字上部加一横——为末，指树梢，是一样的。氏字这一横所指的部位就是人的肢体，本义相当于肢。后来比喻为一个大家族中的一个支系，即姓氏的氏。姓与氏本来是有区别的，姓大氏小，氏是同姓中的一个支系。今天也看不出人、氏间的关系了。

以上 14 组部件，今天看来，每一组都有两个以上的部件。但在小篆中，每一组都是由一个部件稍加变化形成的。而其中各种变化，稍加理解，我们就能掌握，不需要死记硬背。可以说，这 14 组部件，在小篆中基本上就是 14 个部件。如果这么算的话，隶书又比小篆多出 21 个部件。

据以上累计，隶书比小篆多出了 60 个部件。这可能是不完全统计，还有遗漏。

至此，有人会提出来：你光说小篆中一个部件分蘖成隶书中的若干部件，为什么不说说小篆中的若干部件到隶书中变成一个部件呢？当然要说，在后面的章节还会专门讲到“部件趋同”现象。这种现象也的确发生在变隶过程中。但在本章，我们主要是讨论部件变化后带来的部件数量的增减。下面我们看看“部件趋同”之后，部件数量削减情况。

四就是部件趋同之后，数量变化情况。

月、肉趋同于“月”。在朦、胧、朗、期、望、霸、朏等字中所含的月的确是月亮的月。但在脸、肚、肝等表示人体器官或组织的字中所含的“月”俗称“肉月旁”，实际上，它就是肉。这个肉在篆体中像剥了皮的兽头，不是我们今天在菜市场里买的瘦肉、肥肉。因为今天所说的肉是没有固定形状的，无法用象形字来表示。所以，“肉”在小篆里是独立的部件，与“月”截然不同。今天的“肉”只是那个兽头的变形。

在隶书时代，人们习惯于将肉视为可以拆分的。有人就把“肉”拆成“内人”。从前，有个县令写了张便条，让衙役买“猪舌”，舌字写得较长，衙役看成了“买猪千口”，非常为难。后来才知道是买猪舌。衙役向县令说：“老爷，您别把一个字写得那么开。下次您要是让我买肉，千万别让我看成‘买内人’!”无独有偶，我在一本向印尼人介绍中国文化的书里，发现作者也将肉曲解为“内人”。让人哭笑不得的是，将肉说成胎儿——孕妇肚内的人。再加上以“肉”作为部件的字不多，只有腐、脔、胔等，字词典中也很少有将其单独作为一个部首的。

如果将肉字视为可拆分的，隶书比小篆的确少了“肉月”这个部件。

但是，如果我们今天仍把“肉”字看成一个完整的部件，对应于那个剥了皮的兽头，那么，“肉月”这个部件并没有消失。也就是说，肉分化成两个部件，既保留了“肉”，又保留了“肉月”，部件数量并没有因为月、肉趋同而减少。

左阝、右阝趋同（见图 1-20）。本来它们是两个毫不相干的东西。左阝是阶梯状。右阝是“邑”字的变形。当然，邑并不是在变隶之初就变成阝的（在这里我们不要把变隶理解为突变，应看成一个长期的过程）。由于邑是由口、巴两个部件组成的，在邑变成右阝后，口、巴仍然存在，汉字的部件总数并没有因此而减少。

西方的西、表示覆盖物的襾、籽实的形状均趋同于覀。人们习惯于将作为部首的覀视为西。有些覀的确是西。据《说文解字》，湮、甄中的覀就是西。但覆、覂、贾中的覀则是由襾演变而来。这个襾大概是倒扣着的覆盖物：覆、覂都有反扣的意思；贾是囤积居奇以牟利，用覆盖来表示贮存之义。现在，襾这个部件基本消失了。栗、粟上部的覀在小篆中是这两种植物籽实的象形。变成覀以后，表籽实的部件因此削减了。由于数个部件趋同于覀，部件数量减少了两个。

另外，票、僊、遷等字中的覀也是由几个部件合并而来，与邑变成阝一样，并没有削减部件的总数。

青、表、毒、责、素、麦等字中有一个共同的部首，这也是部件趋同的结果。这几个字之间也完全没有关系。青的上部本是生；表由衣、毛两字组成，其上部是衣字中的亠与毛字合并的结果；毒的上部是草木枝叶叠生的样子；责的上部本是朿；素的上部是索的形状；麦的上部本是来，来字的原型就是麦子。恰恰由于这几个部件趋同，滋生出青字头这个部件。比起小篆来，部件的数量因此不减，反增一个。

从以上可以看出，部件趋同之后，数量有所减少，但减幅不大。主要原因就是像覀趋同于覀之后彻底消失的部件极少。还会像青字头那样极个别的有所增加。另外，部件趋同，导致部件所承载的部分信息湮灭，容易误导初学者。后面将有专门一章讲到。

显然，表示同一意义的部件数量增加，在没有增加汉字表现力的情况下，增大了人们掌握汉字的难度。

如此说来，在象、数、理三方面，小篆岂不是全面优于隶书？的确是这样。那么，大众为什么选择隶书而舍弃小篆？这是因为文字不仅仅是学术产品，更是社会公共用品。这里还有另一种象、数、理。人们舍繁就简，追求书写效率，就是“理”；大多数人的取舍就是“数”；一部分部件呈符号化倾向，汉字呈方块形，形成了新的“象”。

有诗道“变隶之繁”：

金石多作篆，隶书始秦汉。
象形既牺牲，字理还涣散。
本想省工夫，不期增部件。
可悲后世人，未以斯为鉴。

第三章　简化之乱

隔着“一湾浅浅的海峡”

小时候，
乡愁是一枚小小的邮票，
我在这头，
母亲在那头。

而现在，
乡愁是一湾浅浅的海峡，
我在这头，
大陆在那头。

——摘自台湾诗人余光中的《乡愁》

自从1955年实行汉字简化后，我国形成了“一国两字”的局面。我国大陆普遍使用简体字，而台港澳地区仍使用繁体字。不过“繁体字”是大陆的说法，台港澳地区则称之为“正体字”。称呼不同，也大致反映了看法不同。对于台港澳地区来说，这些年文字没有变化，无所谓繁不繁。简化了，倒不“正”了。因为文字的差异，多少影响大陆与台港澳地区的交流，两边隔着“一湾浅浅的海峡”。于是，这头是“邮票”，那头是“郵票”；这头是“海峡”，那头是“海峽”。

据新闻报道，温家宝总理给香港小学生亲笔写回信，用的是繁体字，这是对对方的尊重。因为用简体，小朋友反而不明白。在大陆，繁体字不是规范字，出版物、店铺的招牌一般都是禁用繁体的。可给港澳台的朋友写信就得用繁体字。上世纪 50 年代以后出生的人基本上都不学繁体了，也许能认一些，写起来就困难了。温总理旧学功底深厚，古诗词出口成诵，用繁体字写信当然没问题。我担心下一任总理遇到类似的事，可能就要请人代笔了。

另一则相关报道是：对于学习和使用汉字，台湾领导人马英九提出：“识正书简”。就是说，大家可以写简体字，同时应认识繁体字。马英九说，过去因为两岸对立，也反映到海外侨社，现在希望大家不必像过去争得你死我活，侨界也能休兵。而在国外有许多中文学校，教台湾来的学生正体字，碰到大陆来的学生，就教简体字。有些正体字大陆人可能看不懂。因此他希望两岸在这方面未来也能达成协议，采用“识正书简”方式。

他认为，“识正”就是认识正体字，但要书写的话可以写简体字，印刷体则尽量用正体字，这样才能跟中华文化的古籍接轨。他说，全球很少有文化能读二三千年前的文字，但中华文化就做得到。

另据报道，许多大陆语言学家都积极主张“识繁写简”。

国家语委主任、教育部副部长赵沁平在 2009 年度语言文字工作会议上说，认为不学习繁体字影响文化传承、进而主张“识繁写简”“繁体字申遗”的想法有一定代表性和影响力。他提出，“在依法充分保障广大人民群众使用国家通用语言文字接受教育、获取信息、表述思想、享受公共服务的权利，保证国家通用语言文字作为公务活动、教育教学、新闻出版、广播影视、主要公共服务行业的基本用语用字的前提下，对其他情形下方言、繁体字的学习使用不做干预。同时，要注意维护合法使用方言、繁体字的空间。”

看得出来，领导层在极力弥合两岸差异。识正书简，或者说识繁写简，是现行汉字的无奈。50 多年前的汉字简化究竟造成什么样的影响呢？

简化还是下了工夫的

汉字演变的历史中，能与秦汉之际的变隶相提并论的重大事件恐怕只有上个世纪的汉字简化了。秦朝的“书同文”也不能与这两件事比肩，前面已经说过，它对社会的影响并没有那么普遍、深刻。而变隶与简化深深地影响了普通民众对汉字的认识和掌握。它们之间不同的是：一、变隶是民众自发、约定俗成的结果，缺少精英的参与；简化是以专家为主导、行政推广的结果。二、变隶是一个较为漫长的过程，是不断地变、渐变；简化则雷厉风行。

这一章的标题叫“简化之乱”，但不是说简化就是“胡乱简化”。有两点足以说明：

第一，简化方案凝聚了许多专家学者的心血，他们下了大功夫。比如说：现在的“车”这个写法是从居延汉简里找到的；“万”应该是从金文里找到的；“着”由“著”简化而来，似乎也是从古人的草书里淘出来的。可以想象，这些学者在浩如烟海的典籍、文献中要做多么艰难的跋涉啊!

不过话说回来，不能因为在典籍里找到依据，就可以照它去简化。因为古人写字也有很多不规范的，即便是名家也难免。就像经典中有不少假借字一样。严格地说，假借字不就是错别字吗？今天，我们电脑的字库里就有不少沿袭前人的不规范字，随便举几例：

廉，本应为廉。廉的结构清晰，从广、兼，而廉让人不知所以（见图 3-1）。

图 3-1　朱熹所题的廉、节。

剑，本应为劍或劒，以佥表音。而剑的左边就不知道是什么东西了。

専，本应为專（简化为专），專的上部是纺专的象形。専将此简化，让人不解。

気，本应当为氣。氣从米，指赠送粮食。気太过随意。

第二，有不少字的简化有充分的理据，尊重汉字构成的规则，又使得书写简易，让学者、大众都能接受。又可以分成几种情况。

一是部件的简化，或者说是象形字的简化，如鳥简化为鸟，馬简化为马，飛简化为飞，没什么不妥。这些都是狭义上的象形字，不好说繁体就比简体更象形。相反，飞就非常形象，比飛更简洁明了。它们作为单字这样简化了，作为部件也这样简化，顺理成章，对相关的字的字理没有影响。

二是返璞归真的简化，去掉了冗余部件，不但笔划简化了，更忠实于原意。这种简化殊为难得。比如：气，繁体为氣。气本指“云气”(据《说文解字》)，泛指气体，引申指勇气、神气等。氣，从米，本指馈赠给人家的粮食，是饩的本字。有人多事，偏要借氣为气，来指气体，气反而废置不用。简化字中，重新找回气，可谓返璞归真。雲简化为云也是如此。云本是云朵的形状。大概是古人多用云作为“子曰诗云”的云，就又造“雲”来表示“天上有朵雨做的云”。现代汉语中用“说”代替了“曰、云”，重新起用云来指天上的云，当然是好事。废弃網而用网。网是象形字，简洁明了。网字头加亡，组成罔。再加纟，组成形声字的網，确实啰嗦。

另外，棄、尋、採、畫等字，在简化时省略了一些部件，分别作弃、寻、采、画，于字理也没什么损伤。如：采，上部是一只手，下部是树，会意为用手在树上采摘，完全可以引申为采取等，再加扌，本来就是多余的。画，省略了上面手持画线工具之形，但保留了给田划界之形。弃本是弃婴状，上部是子的颠倒形，下部是双手。可以视为用双手倒持小孩。而棄本是双手持畚箕一类工具，将“倒子”放在工具里，准备抛弃。弃字省略了原来中间的工具形状，但字形更明了。用双手来倒持一个孩子，已足以让人理解为抛弃。尋，上下本是两只手，中部由乱丝之状演变而来。尋字象用双手在乱丝中寻找头绪，以便理顺。因此有寻找之义。双手抻开丝线所达长度也叫寻，即臂展之长，相当于一人身高，约为古代八尺。所谓寻常指最常见的尺度，也即正常。寻字除掉了中间让人不知为何物的工、口，好歹保留了两只手，勉强还能表达寻找、寻常这两个义项。

还有一种形声字，省略了一两个部件后，既不妨碍表意，也不妨碍表音，不是很好吗？如：樣简化为样，達简化为达。樣以羕表音，以木表意（据《说文》，樣的本义是橡子，用于式样等，是假借）。而羕以永表意，与永基本同义，指水流很长；以羊表音。那么，样直接用羊表音，不更好吗？同样，達以羍表音，而羍以大表音。干脆，直接以大表音，写作达，不也很好吗？

三是同音替代，以简代繁。在形声字中，有些部件只是负责表音的，没有表意功能。在此情况下，用同音的、笔划简单的部件来代替原来复杂的部件，在理论上是完全说得通的。比如：以元代袁，使園简化为园；以豦代居，使劇简化为剧。实际上，许多形声字中，以表音为主的部件也有表意成分，如果偏要用同音的部件去代替它们，会丢失部分字义信息，这另当别论。

还有一种同音替代，如用无代替無，也无可非议。无、無本是毫无关系的两个字，用于“没有”，都是借用，取其音而已，与字义没什么关系。无由天字衍变而来，本义是“天倾西北”；無本来与舞是同源字。用笔画简单的不是更好吗？

替简体字说了这么多好话，但不能掩盖“简化之乱”。

简化后，部件总数又增多

新中国成立后的汉字简化，使部件数量继续增加。这也是简化的副产品。

金字旁简化后，就多了一个钅，因为金字仍然保留了。同样，食旁简化后多了一个饣。言旁简化后多了一个讠。戕的左部简化后，多了一个丬（试比较奘与壮：奘的上部即是壮，但未简化）。車简化为车后，绝大多数含有車的字都相应作了简化，但塹这个字未作相应简化，这样就多了一个车。巠，简化后变成径、经、泾等字右边的样子，那上面的部件跟又、久似乎相近，但又不沾边。頁，本由上下两个部件组成，上面是头部（见第一章图解），下面的“八”源于人的身体，相当于人。它简化成页，上下粘连，成了一个新部件。有的输入法将页拆出一个“贝”来，有违字理不说，拆剩下来的东西绝无仅有，又成了一个部件。

这样多出 7 个部件。

長，现简化为长。它与镸本是同一部件。我们能看出两者之间的关系，就像艮与即的左偏旁一样是同一来源。现简化为长，但镸的形态保留了下来，如套、鬓等字。如果将長与镸视为同一部件，现在多出长这个部件。

糸，现简化为纟。它做左偏旁时，下面的“小”常常变成三点，如緑、絕等。这在丝的繁体——絲上体现得最突出，其左右本是两个完全相同的东西。它简化为纟以后，但许多字诸如：紫、索、素、綦、紧、萦、累、絮、縶、系、繇、紊、繁等仍保留糸的形态。这样就多出纟这个部件。

以上又多出两个部件。

因简化增加的部件，还不止这些。前面说的是单体简化，还有合体简化，即两个以上的部件简化成一个部件（无法再分拆），诸如：书、乐、年、发、韦、东，这些奇怪的笔划，除了其自身，哪里能见到？它们本来都是由若干部件组成的，易拆分，简化后不好拆分。这些字虽然笔划不多，但是跟其他字没有关联，不能用现成的部件“装配”，只能一笔一划地死学。应该说是加重了学习的负担。

堯，上面的垚指土山，下面的兀指山高而平。堯会意为平顶山。据说，河南平顶山市正酝酿着更名为尧山。堯现在简化成尧，它的上部成为绝无仅有的部件。

專，上面这个部件是纺专的象形，提着它旋转，就能捻出线来。下面的寸就是手。它现在简化为专。但是惠、疐（已有所省略）字中还保留着这个部件。所以说，专这个独特的东西是多出来的。

昜，在暢、揚等字中表音，兼有表意功能。这个部件实际是由日、丂、彡这三个部件组成的。暢、揚简化后分别作畅、扬等。畅、扬、场、杨、汤等右边这个奇怪的东西是其他的字所没有的。

学、觉、举、应等字中都含有奇怪的三点，但又不同于尚、党、光、肖等左右对称的三点。这几个字分别由學、覺、擧、應等简化而来。它们的来源竟不一样，但共同推出了这奇怪的三点。

萬，现简化成万。要说这个简化字，学问含量高哇！以上所举的简化字大多是将草书变成楷书得来的。显然，萬再怎么潦草，也不能变成万。笔者在青铜器铭文中找到了这个“万”。《金文编》中萬的写法不下数十，但大同小异，唯独这个万特殊。我猜测它是金文萬字的省略形，是截取了萬字底部的一小段。古人也时常这样搞点简化。

戔，棧、盞、淺等字均以它表音。此字由两戈组成，是两支兵器，可以理解为戰，即战。这几个字现在分别简化成栈、盏、浅。戔简化成了戋，也让人奇怪。

書，上面为聿，是手执笔的象形，指书写。下面的日，从小篆来看，是者的省略形，在此表音。署、暑也以者表音，与其读音相近。现简化成书，可谓独步海内外。

樂，是诸种制作乐器材料的合体，有木、有丝，而其中的白大约是埙一类乐器。现简化成乐，似与木形接近，但又多了点什么。

秊，大篆之前，上禾下人。下面的人现在变成千，比人（亻）字多了一横。现在简化成年。秊从禾、人，是指农作物可以收割了。我国中原及北方地区，粮食作物都是一岁一熟，因此粮食一熟的周期也称为一年。稔，与年一样也是“谷熟”，从念表音，但读如人，只不过是第三声。而秊极有可能也以人表音。稔、念、年、人，古音应该相通或相近。从现在的年字上丝毫看不出其结构。

發、髮，两字简化后合而为发。这两个不同的字，笔划虽比发多一点，但结构清晰。我们应想到，髮的部件上、下都是现成的。上面的髟指须发，如鬓、鬃、髯等也属此类。下面的犮，如拔、绂、跋、鲅等都含有这个部件，在此表音。發的部件也都是现成的，上面如登、癸等，下面的弓、殳就更常见了。發，从弓表意，指发射。其余部件本指用双脚薅草，在这里主要表音。也就是说学会了以上所举的相关的字，髮、發都不难掌握了。但谁能告诉我们“发”是什么玩艺儿，那上面的部件除了在发字以及从发的字如泼、拨等字中能看见之外，还能在哪个字中能看见？发的上部又是一个绝无仅有的结构。

韋，上下是两只脚，朝向相反，中间的“口”表示场地，会意为向不同的方向走开，有分手之义，可以说是违的本字。“久违”即分手已久，用其本义。简化成韦，则传递不了这样的信息。

東，人们习惯将它看成由木、日两个部件构成，甚至附会说：这个木就是扶桑，太阳就栖息在这棵大树上，每天从这里升起，以此指东方。其来源可能不是这样，它是一个整体象形字，似乎是一个两头扎紧、中间鼓胀的口袋的形状。但从字形构成这个角度说，它比简化后的东字更便于拆分。

另外，还有一些字部分简化，也因此出现新的形态。

肅，比起其简化字肃来，下面是繁一点。但能看出下部是淵（简化后为渊）字的右部。淵字本不用加氵，光有右部就够了。两边两竖象深渊，中间横过来看就是水。肅可以看成由尹、淵构成，意即执事者如临深渊，须“终日乾乾，夕惕若”，不可懈怠、随意。而肃中间夹着的这个东西到底是什么，是小，是忄？都不是。现在的这个肃看起来很不“严肃”。

頁，简化成页，但是，夔、夓、寡等笔画较多的字中的頁却没简化为页。如果将页当作一个独立的部件（在五笔型输入法里，就将页拆出贝来。从字理上说，是不能这么拆的，页是表头部的一个重要的部件。大家可以试想一下含有页的字，就能明白这一点），就又多出一个部件来。

从以上所举，就可以看出，又多出 14 个部件。加上前面单体简化多出来的 9 个部件，汉字部件库里至少又多出 23 个部件。

简化带来“糨糊化”

以前，看《水浒传》，看到武大郎的外号叫“三寸丁谷树皮”，不理解。三寸丁还可以形容身材非常矮，可谷树皮是什么东西？后来才明白，“谷树皮”应为“榖树皮”。榖树又名楮树。笔者虽不知楮树到底是什么样的树，但查字典后得知，它的皮是造纸原料。用榖树皮形容人的长相大概是指其粗糙，反正是不好看。

注意：榖，左下角是一个木字，其余部分表音，与毂、穀同音。毂的左下角从车，指车轮中紧紧握裹车轴的部件，屈原《国殇》中有“车错毂兮短兵接”。穀的左下角为禾，即稻穀之穀，今天则被简化为谷。因榖与穀只差一撇，字形极其相近，极易弄混。“榖树皮”错成了“穀树皮”，又简化为“谷树皮”。错误很可笑，更为可笑的是，这不是个别现象，诸多《水浒传》的版本中，大多错成了“谷树皮”。读者诸君不妨验证一下。

显然，这种错误不仅仅是编辑排版上的疏忽。出版社都不求甚解，闹出这样的笑话，误人子弟，可见“有文字，没文化”之忧不是杞人之忧。

就这个错误来说，有一个原因与简化字有关。有些字的简化是有理有据的，既不破坏字理，又使笔划简洁。可把稻穀之穀简化为山谷之谷，实在是不讲道理。按此类推，鼓、瞽、估都可以合并成一个字。笔者将这种简化称为“糨糊化”。细分起来，“糨糊化”有多种形态。

一是用笔划较少的字兼并笔划较多的同音字，与穀变成谷是同一类。

錶与表。表字下面有个衣字底，本指穿在外面的衣服，引申为表面、表情等。錶是后起字，指用金属做的仪錶，如手錶、压力錶等。表在錶字里似乎没有表意作用，只是单纯表音。表不能替代錶。

彆与别。彆，从弓，指弓走样了、不对劲。因此别扭应当为彆扭。摔跤中的别腿，也当用彆。而别从刀，指用刀剔开。别因此有分离之义，还引申出另外、不一样之义，如别有洞天、别具一格。

並与并。並字再往前追溯，作竝，是两人并立的象形，强调的是二者一同、平等等义。並因此用于肩並肩、並行不悖、並列等。而并不是由並简化的，本有其字，是将两个人用东西串在一起的象形，因此有合并之义。吞并、兼并之义都由此引申而来。

衝与冲。衝从行，行本来是道路。它与街、衢一样都指道路。交通要冲的冲本应为衝。首当其冲也是如此——经过某条道路上遇到的第一个人或建筑等，就称得上首当其衝。而冲本应作沖，显然与水有关，如冲洗、冲击等，引申开来，用于冲动、冲撞等。

醜与丑。醜以酉表音（可参照由与抽的关系），以鬼表意，指面貌凶恶、丑陋。丑的字形源于手，但一般只用于十二地支中的第二位。。

鬥与斗。鬥本是两人挥手对打的象形。因此用于争斗、斗志等。而斗本是一种舀取酒食的器具的象形，如李白斗酒诗百篇。北斗也以其七星形状而得名。

笵与范。草字头的范是一种草。我们今天常用的模范之范应当用笵。比如，有些糕点是用木刻制的模子做出来的。用木头做的叫模，用竹子做的就叫笵。类似的，用土做的叫型，用金属做的叫鎔。至于繁体中的模范多用範，则是借範为笵。範以笵（省略形）表音，以车表意，本指驾车出行的一种仪式。姓氏用字应是范。

榦（幹）、乾与干。干的原始字形好比在丫字的一竖上加一横，丫像树杈形。一横所在位置即主干。干与支相对，如天干地支。古人也用这种带杈的树干做兵器，因此干戈经常连用。因为它会扰动对手，引申为动词，如干扰、干预等。与你何干、干我何事，是进一步引申的结果。而乾与坤相对，一般指天、指阳、指高、指男性等，也指高燥之处，因此与湿相对。干燥当用乾。相应地，干巴、干脆等也应用乾。而榦有与乾字相同的偏旁（其中的“人”字头也是每字头），在此表音，是取代树干之干的后起字。幹则是榦的俗体，不合字理——重复表音。

够与彀。够从多，指数量上能满足需要，引申为能达到某种程度，如足够、够格、够朋友。够还有一个用法，如：跳起来，就能够着树上的苹果。其实这个够应该用彀。这个字左下角有弓，指拉满弓。彀中一词，指拉满弓后箭所能射到的范围。据说，唐太宗看到前来参加科考的莘莘学子，喜滋滋地说：天下豪杰入我彀中也。能力所及，应该用彀。不过，也许早在汉字简化之前，人们用够代替彀。

颳与刮。刮，从立刀旁，指用刀刮削，搜刮是引申义。而颳从风旁，刮大风应该用颳。至于这两个字里的“舌”是由箭尾之括讹变而来，在此表音。

後与后。後字中有彳、夂，这是路和脚的象形，一看便知与走路有关，有前有后。后则与司字相反，是受人伺候的人，如皇后。

覈与核。核，木旁，即果实里面的木质硬物。核心、原子核都由此而来。而覈与覆字同头，有反复之义（反复本应为反覆）。覈就是将写过或算过的东西再检查一遍，如核实、核查、复核等都应当用覈。

衚、鬍与胡。胡从月肉旁，本指下巴上的肉。指下巴上的须，应该加上表毛发的部件——髟，因此作鬍。而指胡同的胡应衚，需要加上行，同街、衢等字一样，都指路。胡同本应写为衚衕。

雧与集。隹就是鸟，那么雧是多只鸟在树上，有集合、凑在一起之义。集体、赶集、诗集、集中等都应该用雧。而集就是一只鸟在树上，只有停落之义。《庄子·山木》：“一异鹊自南方来者……集于栗林。”《岳阳楼记》中的“沙鸥翔集”也应理解为：有的沙鸥在飞翔，有的沙鸥停落下来。

薑与姜。薑的下部是疆的本字，是田界之形，在此表音。从艹，指地里生长的辛辣调味品，即生姜。而姜下面有女，是古老的姓氏，如姜子牙。

幾与几。幾含有丝，指微细。如幾乎，就是接近没有。做疑问词，如幾个、老幾，一般指十以下的小数。而几就是瘦高、曲腿的桌几的象形，如茶几、皇帝赐年老的大臣的几杖。

饑与饥。饑指年成不好，庄稼收成少。幾表音，也有会意成分，因为幾有少的意思。饥荒、饥馑，都该用饑。而饥指肚子饿，从几，不妨理解为到了饭桌边。

姦与奸。姦，字义相当于私，好比三女相聚，说私房话。通姦也就是私通，姦情也就是私情，均为不可与外人道者。也引申为姦诈、姦险等。而奸从干，有侵犯之义，一般做动词，如强奸。

誇与夸。夸，上面是大，像人张开四肢状，有张扬之义。它同奢一样，有奢侈之义，如《荀子·仲尼》：“贵而不为夸。”又引申为夸耀，如《史记·韩长儒列传》“驰骋国中，以夸诸侯。”指在诸侯面前夸耀。指夸奖、夸赞，应加言旁，用誇。

睏与困。困像树木受困于囗，难以成长，是会意字。而睏以困表音，以目表意，指眼睛睁不开，是形声字。

裏与里。裏字，显然以里表音，其上下合成衣字，会意为在衣服的里面。它与外相对。里，由田、土二字合成，指依附田地的聚落或村庄，如邻里、故里。旧时的村长也叫里正。

麵、麪与面。面的关键部件是与首字共有的部分，即头部（见第一章图解的每一个部件）。在头部的中下部加囗，即指脸，或者说面部。麵，从面表音，以麥（简化为麦）表意，指麦粉。麵的异体字为麪，以丏表音。简化后，麵、面不分。如果提到“素面”这个词，不知道是不放肉的面条呢，还是指女子不施粉黛?

闢与辟。辟所从的尸是人体，辛是一种尖刀。辟的本义是指一种残酷的刑罚，又引申为法制，又引申为统治、帝王之位，如复辟。而闢有门字头，本义指开门，引申为开闢。

樸与朴。樸是未加工的木材。可以相提并论的：璞是未加工的玉石。樸引申出樸素、质樸。而朴一说是树名，另一说是树皮。

麯、麴与曲。曲原是凵形，不过是用双线条勾勒的，以喻弯曲。歌曲的曲是引申义，因其婉转。麯，以曲表音，以麥表意，指用麦的麸皮等经霉变制成，以助酿酒、制酱等。麴是其异体字，以匊表音。

昇、陞与升。升本是带柄的器具的象形，可以舀酒等，后来也做容量单位，十升为一斗。昇，从日，指太阳升起。陞，其中的左阝本是阶梯状。其中的土指地面。陞因此有登高之义。升堂、升官都应用陞。在上升这个意义上，昇、陞倒是可以通用。

屍与尸。屍本以尸表音，以死表意，指尸体，是形声字。而尸是象形字，由侧视的人体形状演变而来，与屍同音，但指活人，代死者受祭，还有主持之义。此字今天仍然使用：尸位素餐，尸位就是占据某个位置。

鬆与松。松是树名。而鬆含有髟，指须发蓬松。松软、疏松都当用鬆。

臺、檯、颱与台。台下面有口，这个口本是两嘴角上翘的象形，指高兴，也可以说是怡的本字。但它读 tai 时，是指北斗星旁边的三台星。后来以它来比喻朝中的三公、位高权重的人。兄台、台甫是尊称。而臺字含有高字头，指高的建筑物，台如铜雀台、鹿台当用臺。也引申指官署，如臺省、宪臺。而檯则是木制的桌子，如吧台当用檯。而颱则仅用于颱风。

鹹与咸。咸，从戌表音，从口表意，指一种语气，相当于都，如“少长咸集”。“咸亨酒店”的“咸亨”有大家都顺利、发达之义。而鹹只是以咸表音，以鹵（简化为卤）表意。鹵即盐卤。在中原地区没有吃上海盐之前，人们食用陆地上的盐卤。

餘与余。餘，从食，表示食物剩余。余一般表示第一人称。

禦与御。御字中含有午（杵）、卩（跪着的人），指用棒子一类的刑具让人驯服。从彳、止，指上路。御因此有驾驭、统治之义。与皇上有关的常称御，如御驾亲征。称有手段的上司为御下有术，称有手段的妻子为御夫有术。而禦从示。示不仅表示祈福，也表示避邪、驱除灾祸等，如祓、禳、禁等。因此，防御、抵御等都应用禦。

籲与吁。吁，指叹气或叹气的声音。而籲含有籥、页。籥下面的龠是个管子合在一起的形状。籥就是竹制的多管合成的乐器，页是突出头部的人形。两者合起来是人使劲吹管乐的象形，因此有鼓吹之义。

葉与叶。葉即草木的叶子。枼，本来就是树上有枝叶之形，疑为葉的本字，艹是后加的。而叶从十、口，会意为众口相和，本与协同音，意思也相近。

鬱与郁。鬱，含有缶、鬯、彡，其中鬯是加有香草的酒、彡像气味散发的样子、缶则是装酒的容器。一看而知，它表气味浓烈。浓郁、馥郁都应该用鬱。形容植物茂密的郁郁葱葱，也应该用鬱，是用其引申义。而郁从右阝（由邑演变而来），是古地名，在陕西。

讚与赞。赞的上部本为两个夫，像一个人引导另一个人，指司仪引领人完成某种仪式，有引领、帮助之义。下面加贝，指在财物上帮助，如赞助。指赞扬、夸赞，应加言旁，用讚。

紮、紥与扎。紮，上部表音，下部表意，指用绳索等绑扎。扎笤帚、扎篱笆等都应用紮。军队在行军途中安营，要用绳索绑扎帐篷，因此驻扎、安营扎寨等也应用紮。而紥是紮的异体字。而扎左边的竖弯钩本来作乙形，似鸦，在此表音，与轧、札等同音；从扌，指插入的动作，如扎针、扎猛子。

佔与占。占，从卜、口。古人遇事难以决断时，就需要卜，如卜卦。占是指用语言来解释卜的结果，占就是说。《三国演义》中，曹丕逼弟弟曹植赋诗，曹植七步之内就“口占一首”煮豆燃萁的诗。占是引申不出占领、占据之义的。占领、占据应该用佔。

徵与征。徵，含有微的省略形，也以微表意，指事物刚起于细微，因此有兆头、征兆之义。征则是一个非常简单的形声字，以正表音，以彳表意，指道路。征因此指远行，如长征、征程。至于征还有征召之义，如征兵、征求意见等，是合并了另外一个含有口的字。用口表召唤。此字是在很久以前与徵字合并了。

摺与折。折就是断，早期的折，左边是一个断开的木，而斤是斧头。以斧断木之义很明显。损兵折将、做生意折本，都是引申义。而摺是将纸、布等东西折叠起来，如折扇应为摺扇。摺扇右边的習今简化为习。習的本义是“数飞也”，即反复拍打翅膀。“学而时习之”中的习仍有反复之义。摺因此有反复叠的意思。褶，与摺相似，指衣服被叠压起皱，也引申指皮肤上的皱纹、地表被挤压形成的褶皱。

緻与致。致本从夂而不是攵。夂是脚丫子朝这边的形状，指过来，有到、来之义，不过多作使动用法，不同于至，如致意、招致等。而緻有绞丝旁，指织物质地细密、紧致。因此，精致、细致都应用緻。

隻、衹与只。隻与雙两字放在一起，字义就很明了。隻是手持一只鸟，而雙是手持两只鸟。隻就是现在的只，雙就是现在的双。隻一般只做量词，尤指成对的东西中的其中之一，如一只鞋应当用隻。用于只有、只要、不只等，以前多用衹或止。不过，衹的本义是地神，用于只有、只是等，是同音假借。据《王力古汉语字典》，其本字应为从禾、氏的字，原由不详。而只从口、八，象吐气状，本来只做句尾语气词，如《楚辞·大招》：“无南无北只”、“乐不可言只”。只本来读第一声，挪用于只有、只是等，变成了第三声，不当。

製与制。制的左边是未的变形。未像树木上长出嫩芽，旁边加一把刀，会意为抑制树木生长，有遏制、节制之义，制度、制约等都是从此引申而来。而製从衣，指製衣。与制造相关的词都应该用製。

註与注。注从氵，指将水从一个容器向另一个容器里灌，如灌注、注射都与水有关。赌博时的下注；孤注一掷，精神集中：全神贯注等，都是其引申义。而註从言旁，与记的意思相近，如注释、注册都应该用註。

築与筑。筑是一种竹制乐器，如高渐离为荆轲送行时击筑。其下面的“巩”是人持乐器的变形。建築的築，经筑表音，以木表意。因为古代建筑材料主要是木。

反过来，在某些场合需要把简体字“翻译”成繁体字的时候，有人往往闹笑话。不管遇到什么“余”都翻译成餘，不管遇到什么“后”都翻译成後。台湾诗人余光中来大陆，座位上的名牌往往被写成“餘光中”，容易让人联想到黄昏的餘光。有的繁体版本的书籍中，将皇后写成“皇後”。有人用繁体字写岳飞的“满江红”，一上来就写成“怒發衝冠”，發字应写成头髮的髮，衝字也不对。衝虽然也简化为冲，但原义指通道，与街、衢同类，均含有行字。

二是为两个音同义不同的字共造一个简化字。

鍾与鐘简化为钟。鍾是一种容器，可以盛粮食等。引申出聚集之义。一见钟情当用鍾。而鐘是乐器，一般悬挂起来，敲击出声。石钟乳应用鐘。鍾与鐘，这两件东西，一个开口向上，一个开口向下，容易区分。

復与複简化为复。復从彳、夂，与走路有关，指一来一往，如循环往復。答复、回复是其引申义，也当用復。而複从衣旁，指衣服有多重(chóng)。重复、复杂、复式住宅都应该用複。

壇与罎简化为坛。壇从土，指用土垒成的台子，如诸葛亮登上七星坛祭风，就应该用壇。而罎从缶，指容器，如坛坛罐罐，就应该用罎。

臟与髒简化为脏。臟指人体内的脏器，从藏，表音，也有会意成分，指藏在胸腔、腹腔内的器官。而髒，从骨、葬，很容易让人联想到墓葬中的狼藉情形，即肮脏。

獲与穫简化为获。獲与穫，它们的左边都一样，是用手执鸟之形，也有捕获之义，在此表音。獲，从犭（犬）指获取猎物。而穫从禾，指收获粮食。这两个字并为一个字，还说得过去。但将它俩都变成获，就不好解释了——草头加两只狗，是什么意思呢？

匯与彙简化为汇。匯从淮表音，从匚，像水流弯曲蜿蜒注入另一水体。上海有徐家汇，当是依地形取的名字。将钱从一个地方寄到另一个地方，叫汇款，用的是引申义。而彙的异体字是猬，即刺猬。因刺猬为防敌人攻击，有蜷缩成一团的特性，人们把聚集、拢在一起叫彙。汇报、汇总应当用彙。

甦与蘇简化为苏。甦，从更、生，是会意字，犹如再生。苏醒、万物复苏都应当用甦。而蘇为草头，指一种草。打草做柴火，也叫蘇。江苏、苏州这两个地名也源于蘇。

應与譍简化为应。应当、应该，这是一种心理活动，所以是心字底，该用應；答应、回应是需要说话的，所以是言字底，该用譍。它们都以鹰字头表音（早期的鹰字下面没有鸟，因为上面已经有隹，隹就是鸟）。简化后表音、表意的都消失了。

簽与籤简化为签。别看这两个字笔划较多，其实好理解、记忆。僉是多人一齐说，说的话都一样。它在簽中也有会意成分。簽就是多人在同一份文件上写上自己的名字，表示共同遵守。竹字头指书写工具为竹制。签署、签约都应该用簽。而籤的下部的韱含有韭，是一种山韭菜，非常纤细。因此，籤指细的竹签。牙签应该用籤。

縴与纖都简化为纤。縴，右边是牵引的牵。牵在这里表音兼表意，指船在逆水而上时，需要岸上的人用绳索牵引。在岸上拉船的人也叫縴夫。纖，右部的韱也在此表音兼表意，因其非常纤细。因此，纤维、纤细都应该用纖。

髮与發简化为发。髮的上部即指毛发，头发、毛发本来应该用髮。發从弓，指发射。经引申仍做动词，如开发、发财都应该用發。前一阵子，南方流行吃“发菜”，因这种东西细如发丝而得名。又因其与“发财”谐音，故大吃特吃，导致其原产地西北的生态遭到破坏。本来应是“髮菜”，与“發财”毫不相干。

实际上，汉字的“糨糊化”还有一种形式，那就是——

出现“万能符号”

简化后，不但同音字被兼并，许多部件也被兼并，出现了一些“万能符号”。就是说不管这个字原来的部件是什么，都用这一个部件代替，如：又、舌、米、两竖、三点等。

“又”字简化法：

轟、聶，现在简化成轰、聂，用“又”字分别作为对上面车、耳的重复，似乎说得通。但我不明白“鑫”这个字笔划也够多的，比轟、聶的笔划都要多，下面的两个金为什么不用“又”字来代替！

難、漢、艱、嘆等字，分别简化为难、汉、艰、叹等。这种简化也没什么道理，但好歹比较统一，将一个共同的部件都简化为“又”。如果一位原来使用繁体字的人，现在学习简化字，只要掌握了其中一个，触类旁通，其他几个字也就掌握了。

僅，右边的堇似乎与上面几个字中的共同部件在外形上接近，现在简化为仅，似乎也沾边。但我又不知道为什么像谨、勤、槿等字中的堇不简化为“又”?

對、鄧、聖、權、戲，现分别简化为对、邓、圣、权、戏等，这更不知从何说起。这些字原本毫无共同之处吧?

这些字令那些原来学习繁体字的人难以接受。您见过邓小平同志签名时写“邓”的吗？圣，也很怪异，上下都变了不说，原本有这个字，是致力于耕作的意思，与聖无关。您也千万不要以为“怪”这个字跟聖有什么关系。權简化为权，与勸简化为劝，倒是一致的，但我又不明白颧、灌、獾等字又不简化。对了，灌字要这么简化，就与“汉”撞车了。同样，橙、澄要是像邓字那么简化，就分别与权、汉撞车了。勤、槿两个字要是像僅简化为仅那样，它们就分别成了劝、权了。

“舌”字简化法：

本来以舌字为部件的字很少，只有舔、舐、甜等，这些字都需要舌头的参与。现在不少含“舌”的字有不同的来源。

活、话、刮、括、栝、聒、蛞，凡这些韵母为 uo 或 ua 的字，右部本来均与桰的右部相同，它据考证来自箭尾扣弓弦的那个部位。不过这些字的简化形态可能早就有了，并不一定始于新中国成立后的简化。

敌、适，繁体分别为敵、適。其中的啇与啻是同源字，在此表音。当然，滴、镝、谪、摘等字就没办法跟着简化了，否则，它们分别与活、銛、话、括撞车了。

乱、辞，繁体分别为亂、辭。这两个字的左部虽然复杂一点，但是可以拆分：爫与下面的又都是手，两只手中间本来是丝，大约为幺的形状。冂本是卡在丝中间的一个东西，表示丝打结了。辭、亂的左部就是用双手去解打结的丝。辛是尖刀，大概是用来挑开乱丝的工具。亂字右部也差不多是类似的工具。因此，亂有像丝打结一样的意思，也有治理之义。这在后面会讲到。辭因此既有分开之义，又有条分缕析、有条不紊之义。简化后，笔划确实大大减少了，但字理乱了、分不清了。

“米”字简化法：

断、继，繁体分别为斷、繼。它们正好是一对反义词，一个是使丝断开，另一个是使丝接上。它们各含有两个丝字。简化成米纯粹是为了减少笔划。

娄，繁体为婁。从金文看，它的原形是女子头顶篮子、篓子一类的东西。楼、缕、屡、篓、数、蒌、窭等字都是由相应的简化而来。

渊，繁体为淵，淵本来可以没有氵，与肅（肃）的下部相同，两竖之间就是一个横着的水。这个横着的水变成了米，大概是人们嫌那个水不好写。

“云”字简化法。

运，繁体为運。運以军（軍）表音，不妨参照郓、恽、晕，这三个以军表音的字都与运同音。军在这里也有会意成分，如《孙子兵法》：“运兵计谋，为不可测。”现将運简化成运，勉强以云表音。

动，繁体为動。動以重表音。重字里面本来含有一个東。動、董都读 dong，归根结底，读音源于东（東）。重恐怕也有表意成分。

坛，前面说过，是壇与罎两个字的简化。

尝，繁体为甞或嘗。上面的尚用来表音，因此它与常、裳同音。下部是甘，或者是旨。旨的下面本来也是甘，匕是盛食物的勺子。下部表意——食物是否甘美，用嘴尝才知道。现将甞或嘗的下部简化为云，让人不知所“云”。

层，繁体为層，指楼层。上面的尸与屋字上面的相同。下面的曾表音。而云很难在层中表音。

会，繁体为會。但这个字的变化较大，在金文中是上下对称的字，像两个东西到中间会合。中间的东西到底是何物，尚不清楚。笔者不反对简化这个字，但现形的会，容易让人想起开会时，“人云”亦云，领导说什么，我跟着说什么。

三点简化法：

学、觉、举、应、佥等字中都含有奇怪的三点，但又不同于尚、党、光、肖等字中左右对称的三点。这几个字分别由學、覺、擧、應、僉等简化而来。

乂字简化法：

这个乂实际就是个叉。风、冈、区、赵、卤等，分别由風、岡、區、趙、鹵等简化而来。被简化的部件本没有一点相同之处。

两竖简化法：

说到两竖，这个竖字中就有两竖，它由豎简化而成。这两竖对应于臣。贤、览、坚、紧、临、监、鉴、等字中的两竖都是由臣简化而来。養简化成养。师、帅、归等字的左部实际上也是两竖，因为书写时对右部的“礼让”，其中的一竖变成了一撇。它们分别由師、帥、歸简化而来。

类似的，还有两点简化法：辦，简化成办；棗简化成枣；攙简化成搀。

这样的简化都显浮皮潦草。像三竖、两点这类符号基本上都没什么意义。如果不回到繁体字上去，老师如何向学生解释这一类符号代表什么东西呢？那是没有办法的事。

还有大量的简化导致信息损失。一个字往往包含丰富的信息，向人们展示音、形、义及其相互关系，简化后要么丢了表音的部件，要么丢了表意的成分，让人理解起来有困难。比如：懼，简化为惧，字义信息受损了。虽然这是个形声字，以右部表音，用具来表音在字理上说得过去（不知道为什么不用巨，笔划更少）。但是要知道，瞿还有表意功能，它本是鸟瞪大双眼惊顾的样子，与竖心旁结合起来，很容易让人理解为惊怕的心情。具在这里则没有这个作用。價，简化为价，音、义信息均有重大损失。因为，價字中的賈，让人一看就知道与买卖有关，介则没有这个功能；在读音上，用介来表 jia 的音，也勉强。櫃，简化为柜，音义信息都有损失：贵能表音，巨则不能；匚表可容纳东西的器具之形，在简体字里淹没了。顧，简化为顾，用来表音的部件雇没有了，代之以厄，让人不解。鄰，简化为邻，读音信息有所损失。邻字左边的令读 ling，却要在这里表 lin 的音，有点勉为其难。壩，简化为坝，用贝代替霸来表音，不准确。

简化字中还有大量的部件省略、讹变等现象，将在后面相关章节里进一步讲到。

如果大家都不深究字的音、形、义之间的关系，将同音字胡乱合并，将部件符号化，都变成三点、两竖之类，这种现象任其蔓延，就会导致汉字的“糨糊化”。这与日文的平假名、片假名没什么大区别了。要知道，汉字是世界文化遗产，是文化多样性中惟一的一种，是无可替代的。如果我们都当“差不多”先生，汉字就失去她的魅力，失去她的个性，她存在的价值也就不大了。

因简化而“撞车”

前面说到强行将一个笔划较为复杂的字用一个笔划较少的同音字来代替，如谷代替穀，后代替後，冲代替衝等。下面要讲的是将一个笔划较多的字简化后，一不小心变成了另外一个字，前者与后者并不一定同音。这就是“撞车”。往往由于后者作为本字不常用，人们一般意识不到“撞车”。

廣，上面的广是一种较简易的建筑物的象形，下面从黄表音。廣原指建筑内部空间宽阔。现简化为广，与表简易建筑物的广相撞。只不过后者不常见罢了，但作为部件很活跃。用它构成的字往往与建筑物有关。而广作为本字，按《现代汉语词典》，其读音与安同。

廠，上面的厂也是一种简易建筑物，从敞表音——廠与敞同音。工廠现简化为工厂。作为本字的厂在彦、严、雁、厌等字中表音，我们能大致推测其读音为 yan。此字在典籍中尚能见到：《齐民要术 · 养羊》有“架北墙为厂。为屋则伤热，热则生疥癣。”指羊生性怕热，盖羊圈时，靠北墙搭个简易的棚子就成，不能盖成房子。

勝，从朕表音，从力表意，指有能力做某事、胜任。今简化为胜。胜本有其字，是会意字，即生肉，也以生表音，实际上就是今天的腥字。腥的早期字义并不是专指鱼的气味。生在星字中表音，当然也能在胜字中表 xing 的音。同样，猩猩也可写作狌狌。只不过，大家常用腥，而不用胜。

聖，现简化为圣。据《说文解字》“汝颍之间谓致力于地曰圣，从又、土，读若窟。”就是说，在汝、颍这一带，把致力于种地叫圣。上面的又是手，加上下面的土，就是在地里劳动的场景。读音同窟。这与靠耳朵、口谋生的聖人完全是两码事。

脣，即嘴唇之唇。而作为本字的唇，据《说文解字》，相当于震。脣为嘴之边，漘为水之边。《诗经 · 魏风 · 伐檀》有“置之河之漘兮”之句，河之漘即河边。

聽，今简化为听。听本有其字，以斤表音，读如吟，指哂笑的样子。司马相如《子虚赋》“亡是公听然而笑。”其中亡是公为一虚构人物。我猜测，聽的简化字应为从口或从耳、再从厅，以厅表音。厅的繁体为廳，就是以聽表音的。厅错讹为斤，才出来这个“听”。

虧，左边表音，右边表意，与呼吸有关。今简化为亏。其实亏或写作亐，末笔拉直了，就是于字。亏、亐、于，本是一个字。于本义差不多就是吁，就是叹气。气息不够用，需要深呼吸，就是虧，引申为虧欠。虧以亏表意，以左部表音。

與，从舁、牙。将牙字放在舁的“臼”里，就是與。與与舁同音，以牙表意。食肉动物的上下两排牙互为参差、交错，即为與（可详见拙作《字理——汉字部件通解》，东方出版社出版）。與将舁简化掉了，就是与。这个“与”实际上就是牙的变形。

醫，今简化为医。医作为本字，是指装箭的袋子。其中匚就是袋子形状，里面的矢就是箭。医在醫字中只表音。按《周礼·天官》记载，醫的概念与今天有所不同，当时设有食醫、疾醫、疡醫、兽醫等。“食医掌和王之六食、六饮、六膳、百馐、百酱、八珍之剂。”疾医“以五味、五谷、五药养其病。”那时的醫更像营养师和保健大夫，根据季节变化配制饮食和药剂。其中的食医是为王和贵族服务的。醫中的酉是酒坛、酱缸一类，殳是手持工具状。可以推测，殳、酉会意为调制饮食、药剂。醫有一个异体字——毉，那就是巫醫。

親，简化成亲。亲的上部是辛的省略，表音，下部从木，指一种树，即今天的榛。親以亲表音，从見表意，指就在眼前，意为非常近。親人即关系非常紧密的人。

瀋，水名。右部的審，今简化为审。但不知为什么瀋没有作相应简化，却简化为沈。沈的右部是一人带枷的形状，再加氵，会意为将犯人投入水里。沉是沈的别字。

壞，从褱表音。褱，像衣服里裹着小动物，是怀抱之怀的本字。加忄，为懷，就是怀念的怀。壞，现简化为坏。可坏是坯的异体字。

麽（麼），现简化为么（是幺的异体字）。么作为本字，读 yao，指细小，如四川话中的么妹就是小妹。麽以麻表音，以么表意，读 mo，或 ma，也指细小。麽也被借用为疑问词，如甚麽、什麽。简化后，与表细小的么撞车。

不能孤立学习汉字

有个笑话：在新中国成立初期的扫盲班上，两口子是同学。老师点到丈夫，让他认黑板上“胸怀祖国”的“胸”。丈夫抓耳挠腮，东张西望，回答不上来。妻子替他着急，就提示他，指了指自己的胸脯。丈夫茅塞顿开：“老师，我想起来了。这是咂。”全场笑翻了——当地人称奶子为咂。可见不知其所以然是不行的。

这个笑话不是在笑话学生，而是在笑话我们的教学方式。我记得，上小学低年级时就认识了“胸”，是一笔一划地学的。但是很晚才知道“匈”字，这个字只见于匈牙利、匈奴。也没想到这个字里含有“凶”，以凶表音。如果由凶而匈，再到胸，再讲讲勹、月是什么意思，我想我们就能很快地掌握凶、匈、胸三个字，所花的工夫可能比单学一个胸字还要少。

上世纪 50 年代，对汉字进行简化后，据当时的媒体报道，老百姓拥护简化。例如：农民记账，原来写“雜粮”，现在只用写“杂粮”；原来写“穀子”，现在只用写“谷子”。原来的字多难写啊。

不过，请不要忘了，学习汉字不光是为了记账，不光是写，还要认、要大量阅读、要理解、要运用。现在的父母，如果只让孩子学一点加减乘除、识几个字，就让他辍学，回家帮父母算账，既让人瞧不起，也违反《义务教育法》。那个时代，不少家长的确满足于孩子认得若干字，记记账就行，能读报纸、公告更好。但现在不一样了，许多家长让孩子读经典，背唐诗，就要求全面掌握汉字。全面掌握不是要求你把《现代汉语词典》或《新华字典》背得滚瓜烂熟，是要求你掌握学习汉字的基本方法，能举一反三，能够“滚雪球”。只有具备了足够大、足够结实的知识内核，雪球才能滚得起来。靠死记硬背，脑子里塞一些互不相关的字，是不牢靠的。常用的可能记得住，不常用的，下再大力气，迟早会忘掉的。

汉字的难易不只在于笔划多少，要看是否掌握了构造规律和来源。就拿“穀子”改为“谷子”来说，仅这一个字，的确是简单多了。可是当你学到屈原的诗“车错轂兮短兵接”的“轂”，你是不是还会遇到与穀相同的部件？知道这两个字是同音字，你就知道它们共同的部件是在这里表音的。反过来说，如果你从小就学会了穀字，再遇到轂，是不是就觉得容易多了？穀字里含有禾字，你就知道这与粮食作物有关；轂字里含有车，你就很容易理解，它是车的零部件。这是其一。其二，谷本是山谷，是象形字，两边的斜坡夹一山坳。用于稻谷，让人莫名其妙。还容易造成混乱。有人就以为：容，上面的宀是房子，下面的谷是粮食。容就是房子里装粮食。但要知道，容可不是简化字，谷只能是山谷，房子里怎么可能装下山谷？其三，如果是为了减少笔划，为什么不简化成古。古的笔划更少。还有，鼓、瞽为什么不简化成谷或古？

有诗道汉字简化：

古来有简化，今世尤为烈。
两字附一身，一身留半截。
信息辄丢失，字义难辨别。
同是华夏人，简繁永相隔。

第四章　部件趋同

从贝与鼎混同说起

从前，有一个秀才与一个富人同乘一条船。秀才听说这个富人为富不仁，就想敲打敲打他。这时，船行到江心洲旁，江心洲上有人题了一篇《江心赋》。秀才就指着“江心赋”三个大字大声念了起来：“江心贼。”富人听见了，轻蔑地说：“还秀才呢！连赋字都不认识。那是江心赋，不是江心贼。”秀才争辩道：“就是江心贼。”这时众人围过来，都说是江心赋。秀才装作认输的样子：“大家都说是赋，那就是赋吧。不过，赋（富）虽然是赋（富），可我怎么看，都像贼！”

赋与贼，外形约略相似，至少看起来都有贝、戈（武的确可以分为止、戈）。但寻根探源的话，贼字里是没有贝的。有人会说：“不对吧。贼不是偷人钱财的吗，含贝的字一般不都与钱财有关吗?”是的，贝作为部件往往表示钱财或与钱财往来有关，如贿赂、赌、赏赐、赠等，都是钱财转移的方式。赋是交田地税，也属此类。但贼最初没有偷盗者的意思，而是指危害。孔子骂原壤：“老而不死，是为贼。”这哪有偷盗者的意思呢？从小篆可以看出，贼由则、戈两字构成。而则的左边应该是只鼎，右边加把刀，指在鼎上刻字。在鼎这种贵重、耐久的东西上刻字，是为了让所刻的文字不易磨灭。这种文字说的是大家都要遵守的、不能随便变更的东西，这就是则。戈是兵器，是毁灭性的工具。贼字从戈，有破坏、危害之义。则在贼里表音，也有表意成分——则遭到破坏。

本来，贝、鼎是两种完全不同的东西，无论是在外形上、体量上，还是在用途上，都无共同之处。但这两个象形字发展到某一时期，写法竟然相近。再又遇上治学不够严谨的人，鼎就变成了贝。除了则、贼之外，员、贞中的“贝”也由鼎讹变而来。

在由篆变隶的过程中，还有一些部件与鼎讹变为贝一样，两种甚至更多的部件形状或笔划相近，被写成同一东西。这种现象，我们姑且称之为“部件趋同”。前面提到的阶梯形与邑字旁都演变成阝；西、襾都演变成覀，表、责、青、素等字的上部由完全不同的部件演变而来；半月形、剥了皮的兽头形、部分字中的舟都变成了“月”……这就是部件趋同。表字头、阝，好多人都说不出其意义，沦为一个符号。

下面我们举几个常见的趋同的例子。

趋同部件举例

人

《三国演义》中有个情节：曹操在一盒酥上写下“一合酥”三字。主簿杨修看见了，就叫大家分吃了。古时写字竖排。他把“一合酥”三字拆成“一人一口酥”。这是小说家之言，不足当真。其实，合字上部的亼本是一个整体。当代学者认为，亼是中间隆起的盖子。合字下面的口本是容器。合表示盖子与容器相合。

今、合、令、命、会、含、食、佥、俞、禽等含有所谓“人字头”的字，我们注意到，人字头下面大都有一短横或一点，作亼或亽。即使像仑、仓这样的字下面没有这一横或一点，也是因为被简化的缘故，繁体字里则有：分别作侖、倉。

作为部件的“人”有几种情况。

一、为人体之形。

人字本是一人直立垂手的侧视图形。在从、企、众、介等字中的人字皆指人。从，指两人前后相跟。企，是人踮脚状，止本义是脚。企盼之企用的是本义。众，是指多人。介，篆体中，介字是一人站立在两竖之间，象人穿铠甲之状。古时铠甲分前后两片。介的本义是穿铠甲，也比喻有甲壳的动物，如蚌、螺属于介类。人在两片铠甲之间，介也因此表示处于二者之间。

二、构成亽或亼，由器物之形演变而来。

会、合、命、令等字上部的亽或亼，均取合之义。

令，为什么要“合”呢？原来，古时军队的最高统帅通常是一国之君，调动军队要以兵符为凭。兵符是一劈两半的信物，国君与军队指挥官各持一半。国君若要调动军队，必授传令的使者以兵符。使者手中所持兵符与军队指挥官所持兵符相吻合，军队才能接受调遣。这大概也是符合一词的由来。战国时期，有一个信陵君盗符救赵的故事，就是例证。秦国攻打赵国，形势非常危急。赵国的平原君向魏国将领晋鄙求救。晋鄙置之不理。平原君即向魏国信陵君求救。信陵君请魏王的妃子从魏王那里偷出兵符。信陵君持兵符到晋鄙军中，要求验符以调遣军队。晋鄙在合符之后仍提出质疑。信陵君所带力士朱亥击杀了晋鄙。最后，终于号令军队去赵国解了围。令字下部或为卩，为人曲体状，象接令的人。

命，比令字多一口，指口头命令。命运之命，是引申义，指人生自有上天安排，即听命于天。《论语·颜渊》有“死生有命，富贵在天”。进而有生命、性命之说。

会，繁体作會。而在金文中，會的下部既不是日，也不是曰，而是与上部的“三角形”对称的部件，即为一倒三角形。中部象形不明。但从字形能大致推测出，會字取从两头相合之义，因此，表会合。

佥，繁体为僉，下部从两口、两人，会意为两人一齐说、说的相合。《尚书·尧典》中有：“佥曰：‘于，鲧哉。’”这是指大家回答尧关于谁能治水的提问时，一齐推举鲧。

三、由入字讹变而来。

内，其中人形本为入字，与外框放在一起，会意入内。据《说文解字》，全、仝上的人形均为入字。

口

前面刚说到，合字由亼、口组成，上面是盖子，下面的口是容器。口是个非常活跃的部件。一般说来，作为部件的口就指嘴，但它还有各种各样的用途。

一、口就是嘴。

嘴可以用来说话、饮食、呼吸，甚至歌唱、号哭，以口为左偏旁的字多与此相关。口为发音器官，模拟声音的象声字也往往从口旁。这就无需一一举例了。另外，因口的最初形状是两个嘴角上翘的样子，也表示高兴，如喜字下面的口就有会意成分。

二、口指方形的东西。这也很好理解。

宫，其中的宀来自房子的轮廓，两个口则是门窗的形状。

营，上部表音，与荧、萤、蓥、茔等同音。下部是宫字的省略形。宫在这里表意，营因此也与房子有关，或直接指房子，如军营，或指建房，如营建。

邑，即人群聚居的地方，上面的口来自城堡的围墙。下面的“巴”是人形的讹变，与犯的右部是同一来源。

各，上面的夂是一只朝这边走过来的脚，而口则是场地或是一个建筑平面的象形。各的本义是到来。

韋，今简化为韦。中间的口也指场地；上下分别为两只脚，但朝向相反，代表两个人向不同方向走去。韋的本义就是分手，也是违的本字。

三、由不同形状的东西演变而来。因为是方块字，本是曲线形的也变成方的了。

员，上面的口本为圆形，指鼎口。下面的贝则由鼎演变而来。员做量词，当来自鼎以口论数。

癌，中间含嵒，其中的口来自山石的形状。嵒可以说是岩的异体字。嵒在癌字中有会意成分，指此病如岩石一样不好治、顽固。

足，下面是脚，上面的口则来源于脚肚子。脚肚子饱满，也是力气充足的表现。

辟，其中的尸是屈体的人形，辛是尖刀。那么口呢？有学者认为是从屈体的人身上割下来的肉。辟的早期字义是罪，显然来自用刀割这种刑罚。

句，与勾本是一个字，来自两个弯曲的物体相互勾连的样子。

吕，也写作吕，上下相连。《说文解字》释为脊骨，也就是相连的两节椎骨的象形。吕也是膂的异体字。说膂力过人，就是指腰背力量大。大禹封大岳为吕侯，言其非常得力，犹如今日说“民族的脊梁”。

回，本是旋涡的象形，应该是由内而外的渐开线形。经方块化后，也写成囘、囬等，致使鲁迅笔下的孔乙己说“茴香豆的茴有四种写法”。

大

大，本为人形，像伸展四肢的样子。天地之间，以人为大。作为组字的部件，这个“大”却有以下几个方面的意思。

一、大为人体象形。太、天、夫、夭等字均由大字构成。

夹，繁体为夾，大字两腋下各夹一人。此字简化以后，大字的形状还在，只是腋下变成两点再加一横。顺便说两句，陕字读音与夹、峡、狭、浃等明显不同。原来陕字右部与夹有所不同，大字腋下所持不是人而是物，其读音同闪，像盗窃的样子。陕字读音从此而来。

央，下部是大字，上部原为枷锁一类的刑具。这是个一人颈部戴枷的形状。今天的央字根本看不出这种意思，但在从央的字上如殃、鞅、秧等，还能隐约看到原始字义。

殃，灾祸。对于戴枷的人来说当然是一种灾祸。

鞅，箍在牛、马等脖子上的挽具，以便套辕拉车等。从革，是指这种挽具由皮革制成。从央，是指套在脖子上。

奚，其上部的爫是手，中间的幺是绳，下面的大是人形。此字象被缚或被牵制的奴隶。

夷，是古人对东方民族的称呼，后延伸为对外族的通称，如“师夷长技以制夷”。夷字中的大为人形无疑。但其中的弓有两种解释。一为弓箭之弓，夷就是一个挎着弓的人；二是表示其人下肢弯曲，为夷人的特点。

二、大由双手演变而来。这样的“大”在篆体中还能看出双手的形状，隶书之后变为今形。

樊，樊篱，即篱笆，两个木指筑篱的材料，爻，象篱笆材料的相互交叉之形。下面的大，指双手筑篱。攀登之攀，从樊。

朕，我们都知道这是皇帝自称的专用代词，旁人是不能僭越的。据说这是自秦始皇以后的事，此前并无此规矩。屈原《离骚》中“朕皇考曰伯庸”，这里屈原就将它用于第一人称，说：我的先父名字叫伯庸。《尚书》中也有“万方有罪，罪在朕躬”，即是说罪在我一人。可见，朕字较早就用于第一人称了。朕字还有别的意思。《庄子·应帝王》中“而游无朕”中的朕，则指迹象、征兆。原来，朕左边不是月，而是舟；大是双手，右边是双手持一物。据学者康殷解：朕是双手持工具修船之意。也许，修船关系到乘船者的命运，那些自以为举足轻重的人才自称为朕吧。据此，也可理解朕有迹象、征兆之意：船有漏水征兆，亟待修补。

腾、滕、媵、塍等字均从朕，以朕表音，再分别从马、水、女、土等。略有变化的是朕中大字未出头，而它们出头了。

卷、拳、眷三字的上部同样含有一个大字，也是双手，只是所持的东西与朕不同。在篆文中，其上部为双手持釆，象簸米之形。

誊，与腾、滕等字是同一个系列，本有月形偏旁，被简化掉了。因此它们读音相同。

舂、奉等字上部同样含有一个大字。这里的大也是双手。舂，上部是双手持杵；下部是臼，用来装稻谷一类粮食。用杵捣粮，可以去皮。将稻子去皮，即为舂米。忧心忡忡之忡，原为舂字再加心，作惷，意为忧心如捣。

奉，《说文解字》认为其上部是个形声字：双手，加一个丰字。双手表意，与捧的意思相同，丰表音。最下面的这个部件将在有关工具的一章专门讲到。

夬，现在的词典只解释为《易经》中六十四卦之一。其原形，下面的大字为双手，双手所持为带缺口的环状物。有的版本将夬写作叏，下部从又。又是一只手的象形，叏则成了单手持物的象形。《易经・夬卦》中的彖词说：“夬，决也，刚决柔也。”大概有决、断之义。

奂，《说文解字》释为“取”。下部大字本为双手，上部意义不详。

三、大有张开的意思，可能与大字是四肢伸展之形有关。持此义的有奓、奢、奋等。

奓（zha），器皿的口部外敞，称奓，与弇相对。坛子肚大口小为弇。古典小说里张飞、李逵等人胡须如钢针，向外怒张，称之为胡子奓撒。

奢，奢侈浪费，与节俭收敛相对。大手花钱是奢，四处捞钱是敛。其义从大字来，从者表音。奋，繁体字中间有隹，会意鸟儿振翅奋飞。从大，即指张开翅膀。

四、在个别情况下，大字还是艸（草）的变形。

莫，是暮的本字。原始字形中，莫的上下都是艸，呈茻形，而日处于其中。莫因此像太阳落入草丛中，表示天色已晚。莫字下部的艹，现变成大形。从莫的字如暮、幕、蓦、慕等，其中“大”形都属此类。

五、大字从草书中简化而来，如关、联等。

艹

天子死了叫崩，诸侯死了叫薨。有人臆猜，这个薨的上部，是艹盖在目上，不就是坟上长草了吗？实际上不是这样。

艹，一般说来是艸的简化。艸代表地面上长出的东西，但不像树木那样高大。从艹的字可能是草本植物，也可能是刚刚出地面的木本植物，甚至可能是菌类。因此，蘑菇也是草头。用草制作的东西往往也是草头，如茵、荐。这些都是司空见惯的。

但除此之外，艹还有两种较为常见的情形：一是与冖的组合，二就是上面说的与横目的组合。

第一种组合见于荣、蓥、荥、茔、荧、萤、营、莹、萦、莺、劳、荦等。熟悉繁体字的人都知道，这些字分别简化于榮、鎣、滎、塋、營、瑩等。而这两个火、冖又是什么呢？从金文可以看出，这是两根相互交叉的枝条，以喻枝叶繁荣，实际上是荣的本字（见图 4-1）。上列荣字后面读 ying 的字均以其表音。

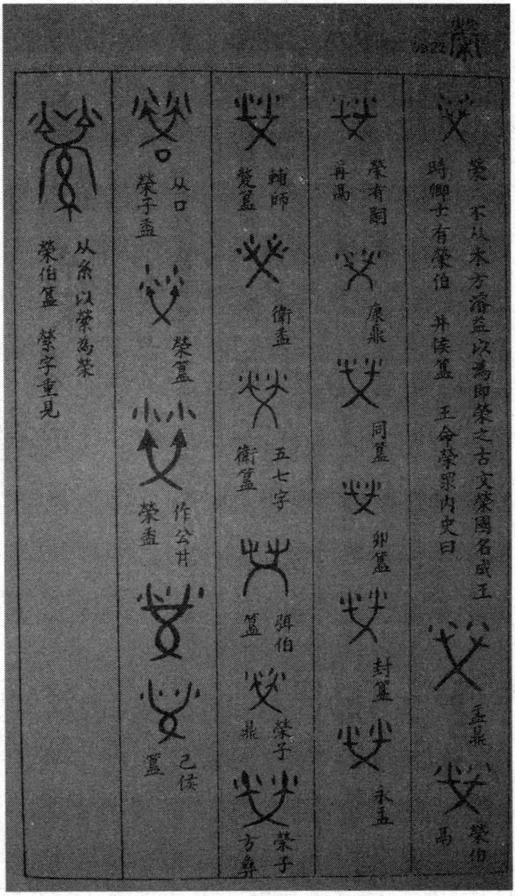

图 4-1　金文荣字

劳是会意字，从荣，以喻出力之繁。而荦则以劳表音，从牛，指牛之大者。

第二种组合见于蔑、瞢、甍、薨、夢（梦）。横目上的艹源于睫毛。目上加睫毛表示什么呢？意为眼睛为睫毛所覆盖，即闭眼。

蔑，下面从人、戈。这里的人应当与上部眼、睫连成一体。蔑会意为用戈对人的眼睛的戕害。蔑因此有看不见、无视、无之义。

瞢，又加一目，指目不明。懵，则是形声兼会意字，指心不明。

薨、夢，闭眼自是应有之义。

甍，则以其表音，也读 meng；从瓦表意，指屋脊。

日（曰）

昌，这是两个日，还是一个日、一个曰？常识告诉我们，不能单从部件的高宽比例来判断。因为要满足方块字的要求，同一部件在上下结构的字中与在左右结构的字中，高宽比就不一样。从小篆看，昌字的确是上面为日、下面为曰。既然曰是说，《说文解字》释昌为“美言”。这里的“美言”似乎不是替谁说好话、夸奖某人，而是话说得好、妙语。《尚书·皋陶谟》：“禹拜昌言”，即大禹听了这番妙语之后拜谢。至于昌从日，是会意为说的话像太阳一样让人感受到明亮、温暖？还是在此表音，读音像从日的衵、昜一样？这尚不清楚。

今天，昌多用于昌盛、昌明等，指日光之盛。据《说文解字注》等书，在三国时期，曹操挟天子以令诸侯，迁都许昌。汉献帝虽是名义上的皇帝，实权却在曹操手上。仿佛是天有二日，国有二君。因此，时人将许昌的昌附会为“二日”。既然是“二日”，日光当然就强啦。

日，作为组字部件，其来源较多，主要有这几方面：一是太阳；二是曰，在上下结构的字里，曰与日不便区分；三是与冒、冕等字的上部不便区分，指帽子；四是甘字的变形；五、其他。

一、太阳。日作为部件大部分情况下持此义。

旦、杲、杳、莫、昊、晒、晞、显、暗、暖、暄、煦、晨、昏、晚、晌、旬、昨、昔、曩等字都与太阳相关。

二、曰字在组字时，与日字不易区分，尤其是上下结构的字。

我们都知道曰就是说，一部《论语》通篇都是“子曰”，实际就是孔子语录。从篆体中可以看出，曰，口字上面加一笔，象有话从口中吐出来。

沓，从水从曰，指说话像流水一样没完没了。办事不利落叫拖沓，说话东扯西拉叫杂沓。踏，从足从沓，本义应是脚在地上蹭着走。沓的造字方法与侃侃而谈的侃相类似。侃的右部上面是口，下面也是流水状。今天仍称健谈者“能侃”。

曷，上部从曰，表疑问，下部匃与乞丐的丐互为异体，丐当是由匃的草书演变而来。其读音 he 从下部匃的而来，只不过有一点变化。这种读音变化可参照盍（与曷同音）与蓋（盖的繁体）。曷在古文中比较常见。《尚书·汤誓》中“时日曷丧，予及汝皆亡”，说的是老百姓对夏朝统治极为不满，发出这样的呼声：“太阳为什么不消失，让我与你一起灭亡吧。”曷，在此解为“为什么不”。

曾，中部是甑的象形。甑是靠蒸汽蒸煮食物的炊具。上面的两点象逸出的热气。下部加曰，做语气词。《列子·汤问》中关于“愚公移山”的寓言中说：“曾不若孀妻弱子。”

三、冒、冕、最等字中的曰形本是耷拉着帽檐的帽子或头巾。

冒，是帽子遮住眼睛的形状，因而行事盲目冒失。

冕，本义就是帽子。帝王即位，带上王冠，称为加冕。冕上有下垂的旒。

塌字的右部，从曰从羽，是说帽檐如羽毛下垂、耷拉的形状。

最，上部与冒字头相同，下部从取，是会意字，意为不管不顾地去取。撮，从最表音，最也有会意成分。

而现在意义上的最是另外的字：冣，上为冖，下为取。冖在篆体中作冂，是房屋或遮蔽所的象形，与取会意为从外面敛东西、积攒，引申为越来越多，达到极点。后来，这两个字混为一谈。

四、日形是甘字的变形。

在篆体及其以前的字里，口字是两个嘴角上翘，乐滋滋的模样。甘是口中加一横，象嘴里含有美味。

香，篆体中，上部是黍，下部是甘，隶书之后，变成现在模样。原来，香最初是指粮食的气味。

旨，从匕从甘。匕，舀食物的器具。汤匙之匙，也从匕。旨会意为勺子里的食物味道很鲜美。《诗经·鹿鸣》中“我有旨酒，以燕乐嘉宾”，这里的旨酒即美酒。后来，旨专用于君王的指示。君王的一切指示都是美好的，即使是降罪，接旨者仍要谢恩。

尝的繁体作嘗，上面是尚，下面是旨。尚表音，匕、甘表意。食物味道好不好，用勺子舀一点放到嘴边，尝一尝。可惜，这个字简化之后，下面变成了“云”，真是让人不知所“云”了。

五、有些日形还有争议，不能确定其原形究竟是什么。

東，东的繁体。前人认为这里的日就是太阳，这个木是指扶桑。这正合了那个神话故事：东方有大树叫扶桑，太阳白昼运行于天，夜晚栖息于扶桑。而当代学者根据后来发掘出的文字资料推断，是一个整体象形字，不存在太阳歇在树上这一说，但到底是个什么“东”西，也莫衷一是。

曹，在篆文中，上面是两个东字，下面是曰。但有学者从金文出发，认为下面也不是曰，而是喂牛马等的料槽。上面的两个东则是两个口袋，象往槽中倒饲料。而曹是槽的本字。聊备一说。

鲁，上面是条鱼，已确凿无疑。有人解释这是用太阳晒鱼。可向前追溯这个字形，下面不是日，而是口形，到底是什么东西，未有定论。有学者认为这个口形是水池，鲁象把鱼从池中打上来。

月

小孩子问家长："脸，为什么是月字旁？"家长答："古书上形容人长得好看，就说'面如满月'。面就是脸。所以用月字旁。"孩子又问了："为什么脚也是月字旁？"家长语塞。

这位家长不知道，作为组字部件，月有这样几个来源：一是月亮；二是肉字的变形；三是舟字的变形；四由帽子及其他形状讹变而来。

一、月亮。如朦、胧、望、霸、朔等字所从月均指月亮。

二、与肉字是同源字。这里的月（肉），最初的形状是兽头，其下部的开口正像张口的嘴。肉是从动物身上分离出来的一种组织，是没有确定的形状的。怎么用象形字来表达肉这个概念呢？俗语"挂羊头，卖狗肉"指欺骗别人，但从中我们也可以想见：用被肢解下来的动物头颅来代表从动物身上被切割、分离出来的东西，除此手法，人们也想不出更好的办法了。

后来人们广泛地用这个月来组字，表示各个部位的器官、组织，如：脸、肝、肠、腹、肚、肋、臂、肱、腕、臀、股、腿、胫、脚、肢、肤、肾、胆、胛、胃、肩、脐、膊、胎、脑、脏、肺、腑，等等，身体由上而下、由内而外，都有带此偏旁的字。

胡，本指下巴下面的垂肉。《诗经》有"狼跋其胡，载疐其尾"，是说一只狼陷于两难境地，往前走怕踩了下巴下的肉，往后退又怕踩着自己的尾巴。胡须的胡本为鬍，在胡字上加髟。胡在此表音，兼有表意功能——指下巴上的须。

龍，本是龙的整体象形，左边是龙头及龙头上的犄角，右边是其弯曲的身子，并带有鳍状物。能，是熊的本字，也是整体象形。其中的月是熊头，右边的两个匕是熊足。

三、舟字的变形。

朕，左边本是舟字，整个字像双手持物修补船的样子。从朕的字，腾、滕、塍、媵等字的左部均为舟。

前，本来上面为止，下面为舟，作歬，像脚站在船上。其中，舟讹变为月，止讹变为两点一横，后人又妄加刂。《说文解字》称“不行而进为前”，只有站在车、船一类的交通工具上才能“不行而进”，也就是不迈步也能向前移动。

俞，其中月形本为舟，上部的三角形与刂本是一体，合而为凿木头的工具，如斧、锛之类。整个字会意为将木头中间挖空做舟。俞因此有挖空或空的意思。

四、月形来源于其他物体。

胄，下部的月源于帽子，同冒、冕的上部相同，区别只是“帽檐”耷拉得更长了。胄是一个形声字。上部的由表音，与轴、宙、妯字中的由表音一样。下部的月表意。胄是将士们上阵时用来保护头部的帽子，如：甲胄。至于胄又作后裔解，是引申义。胄因有下垂部分护住脸颊，与孙、裔两字相似，均用下垂之物来表示后代。

朋，本是一串贝壳或者说是钱币的象形。金文中，这串贝壳两端下垂，呈门形，后讹变为朋。朋的本义为一串钱。《诗经·小雅·青青者莪》：“既见君子，锡我百朋。”锡我百朋，即赐我一百串钱。因朋是贝紧挨在一起，有两支主要引申义：一是引申为关系紧密的人，如朋党、朋友，《论语·学而》："有朋自远方来，不亦乐乎？"二是与比同义。比也有紧挨之义，如天涯若比邻、鳞次栉比等。朋也进一步引申为比较。《诗经·唐风·椒聊》："彼其之子，硕大无朋。"硕大无朋即硕大无比。

青，此前作青。据笔者推论，青的下部是丹，而丹字本是井字中间加一点，表示丹（即朱砂）出产于矿井。但丹与井字易混淆，因为古人有时书写不规范，写井字时也在里面加点。实际上，青下部的月形由井字演变而来。井在青字中表音，因此，含有青的字如静、睛、精、菁、腈、靖等都发 jing 的音。相比之下，发 qing 的音的字如晴、清倒不多。

阝

以前，我亲耳听到一个多年从事文字工作的老编辑问："洒扫庭除？弄错了吧，应是洒扫庭院吧！"实际上没弄错。古人说："黎明即起，洒扫庭除。"还有一次，某报社出题考核招聘人员。试题中有一道对"洒扫庭除"的"除"的解释，有几个选择答案。判题时，总编说，答案应该是扫除吧。在专业人员身上，出现这种情况是个笑话。问题是他们不知道除字的本义是台阶。张衡《东京赋》中"登自东除"，就是指从东面台阶登上。我们因此就能理解古文中称提拔或升官为"除"，不就是上台阶吗？

除为什么有台阶的义项？非常简单——左边阝本来就是阶梯的形状。

阝，分左阝、右阝。左、右阝字义截然不同。左阝义为阶梯，右阝为邑字的变形。

左阝的原形是竖立的带齿状物，这些齿就是一个个踏步。原来这就是最简易的阶梯。从左阝的字大致有以下几种：1、直接表阶梯、台阶的字：阶、除、陛、阼等。2、表地势高低、陡缓，有一定高差的字：

险、陡、陂、陆、阱、陷等。3、表上升下降一类的字：降、陟（多用于登山)、坠、堕、陨等。

右阝，本是邑字。

邑，是人们聚居之地，上面的口像城郭，下面的巴由（卪的右部——屈身的人形）讹变而来。因此，从右阝的字大致有两种，一种是聚居地的称谓，如都、邦、郡、郭等；另一种是地名，如郑、邵、邙、邯郸、邹、郢、鄂等。

另外，许多姓名因地名而来，因而从阝或从邑的姓氏很多，如郑、邓、郃、郝、郭、邹、郎、邱、扈、郜、郅、邢、邬、邵、郗、祁、郁、那等。

田

有一位工科教授向人讲解自己名字中的福字：“福字有口、有田。口是人口，田是田地。古人将此视为有福。富字也是如此。”我真想请他解释一下：逼、匐，为什么同样有口、有田，逼有逼窄之义，匐是趴在地上。实际上，畐是一个整体象形字，与酉极其近似，都是坛子一类的东西。口倒是有，但不是人口，是坛口；田则无从说起了。

田，作为组字部件，大致有以下几种字义：一是田地的田；二是人的头部或面具的形状；三是其他物体。

一、田地。田字象被分成一块块的耕地。田是农耕社会最大的资源，对社会影响巨大，在造字中也充分体现出来，如：界、疆、畔、畛、畎、亩、畦、畹、畈、畴、畿、甸。

二、人的头部面部或面具的象形。

思，上部本从囟。囟，又称顶门囟，婴儿头顶的头骨未合处，可看见其脉搏跳动。心与囟字在篆体中都是上边开口的样子。由心通向头顶，可见古人造此字时的煞费苦思。

细，田也是由囟变来。囟表音，纟表意，表示其细如丝。

異，异的繁体，冀、翼、戴，都含有異。冀、翼中的異表音。異，在金文中本是一人双手举面具（田）之形。正因为戴上面具，使人的面目发生变异，或者看上去怪异。戴从異，取戴面具之义，而与哉、载、裁相同的部件表音。一般地，将东西置于头部才能叫戴，如戴帽子、戴眼镜、顶戴花翎等。比喻尊敬、拥护，如爱戴、拥戴。

畏，象一戴面具的人形。古时戴面具一般都是为驱魔消灾，以求吉祥。面具大都形象狰狞，令人生畏。因此以面具表畏。今天我国西南地区还有傩戏，人们带着面具，举办迎神赛会，驱逐瘟疫。

鬼，人们头脑中想象的产物，给它形象化，其面目与古时巫师所戴面具无异。以前的鬼字，顶部也有不加一撇的，与田字相近。鬼字下部的儿是躯体状。厶则由卷曲的尾巴演化而来。一个鬼字就将古人心目中鬼的形象勾勒出来。

三、田表其他形。汉字是方块字，许多弧形的字后来都被棱角化，变成方形，就如日、口等字一样，田字所状的物体，有的本为圆形。

果，从木，田象树上果实之形。以前其上“果实”有三个，表数量之多，后被简化。

雷，下部的田本是车轮之形，而且雷字下有多个这样的“车轮”，写作靁。这里用车轮滚滚发出的声音来模拟雷声隆隆。

匕

麀，就是母鹿。其最下面的匕即雌性符号。它与牝一样，牝就指母牛。这个字最有趣的地方就是，看上去是同一种部件，在同一个字里却有不同的字义：鹿字下部的两个匕是鹿脚，而它下面的一个匕是雌性符号。《礼记·曲礼上》说:“禽兽无礼,父子聚麀。”就是说禽兽无礼,以至于父子与同一母兽交配。到了唐代,骆宾王在《讨武曌檄》中,给武则天扣了一项罪名,就是致使唐太宗与唐高宗“父子聚麀”。武则天在太宗时入宫,曾被太宗宠幸,后又被高宗立为皇后。言下之意,武则天就是这只麀。《红楼梦》中有一回提到贾珍、贾蓉父子均与尤二姐暧昧,旁人遂有“聚麀之诮”。就是说,旁人讥讽贾氏“父子聚麀”,形同禽兽。

匕形作为部件大致有以下几个来源:一、用来从锅、鼎中取食的器具。从汉代文物看,比较扁平,有的一侧边缘很薄,还能捎带着切熟食。这也是匕作为单字的本义。二、人形。三、兽足。四、雌性符号,或指雌性生殖器。

一、取食的器具,匕由匙形演变而来。

匙,从是、匕,是表音,匕表意。意为取食工具。今天仍有汤匙一词。钥匙的匙,古时钥匙与现在的形状不同,当是用匕形比拟而来。

旨,从匕从甘,会意为勺子里的食物味道很鲜美。

卮,从卩、从匕的颠倒形。卩,为跪坐的人形,再加上反扣的匕,像一人饮食的样子,指饮食的器具,古书中一般指盛酒的器皿。《史记·项羽本纪》载,鸿门宴上,项庄老在刘邦面前舞剑,刘邦的一员勇将樊哙担心刘邦的安全,从外面闯了进来。项羽让人给樊哙上一卮酒,又赐给樊哙一生猪腿,樊哙吃完之后,项羽问他能喝酒吗?樊哙回答:“臣死且不避,卮酒安足辞?”即是说我死都不怕,一杯酒还值得推辞吗?樊哙的豪勇可能也是项羽没按原定计划对刘邦下手的原因之一。栀子花的栀取卮的音。

后,从反扣的匕、从口,像进食的样子。

司,是与后相对称的字。两字相反,字义既联系又区别。司是伺候别人吃饭的，后是受用者。

从司的字：伺，伺候、服侍他人；饲，喂养动物，从食字旁；祠，供奉祖先的地方叫祠堂。司后来指从事某一职业。古有司寇，是专管扫平盗贼的，司马是掌管兵马的等等。司马、马徒、司寇等都是官名，后人以此为姓，演变为姓氏。司南，即指南针，因其专指南方。正如文天祥的诗“臣心一片磁针石，不指南方誓不休”。今天，把仪式主持人称为司仪，把管发号施令的叫司令，把管开车的叫司机。

后，由受别人伺候的人引申为君王、帝王。《左传》“有穷后羿”，即有穷国的君王叫羿。成语“皇天后土”的后与皇相当，也持此义。后来，君王有了王、皇帝等专称，后的称呼转移到“国母”头上，即皇后。汉字简化后，与表前后的後混为一谈。

匕，用于匕首这个词，也是取匕之形。匕首为短刀，因刀尖上翘，一侧有刃，形如匕头，故名。它作为固定的名称流传下来，很大程度上是因为荆轲刺秦王的悲壮故事。秦始皇为人非常警惕，他人不易接近，更何况是携带武器者了。荆轲要替燕国太子丹刺杀秦始皇，事先将匕首卷在燕国地图里，以献图的名义才得以接近秦始皇，成语“图穷匕首见”，说的就是这段事，但有人简化为“图穷匕见”是不妥当的。果如此，地图里裹的就是盛饭的家伙了。

二、匕为人形。

比，象两人紧挨着，会意为紧密。成语比肩接踵，指人多，肩膀挨肩膀，脚后跟挨脚后跟。鳞此栉比，指像鱼鳞一样紧密地排列，像梳子的齿一样紧挨着。王勃诗“海内存知己，天涯若比邻”，比邻就是近邻。比较的比是后起义，不同的东西放在一起自然就有了比较。比字与从字的区别是，从字突出的是两人前后相随，比字突出的是两人紧挨。

妣，指女性先人，现多见于墓碑，与考相对。考为男性先人。早期的妣，从女、从一个匕。

北，左边是匕的反置，与匕相背。本义即指两人相背，是背的本字。我国地处北半球，自古时起，一般的建筑都坐北朝南，利于接纳阳光，屏蔽寒风。因此，建筑的背面大都朝北。《诗经·豳风·七月》有“塞向墐户”，意即冬天来临前，将后窗堵上，用粘土将门户周围的缝隙糊上。向，朝北开的窗户。久而久之，北成了方位词，即指今天的北方。另在北下加月（肉）做背部的背。北在古书上还有一个意思即败北，战斗中失败。原来，战败者都掉头逃跑，把背部暴露给敌人，完全是放弃抵抗的做法。因此，把以背示人的状态叫败北。《孙子兵法·军争》有“佯北勿从”，即假装逃跑的敌人，不要去追。

死，其中的匕为人形，歹，被分解的残骨，会意字。

顷，倾的本字。页，为突出头部的人形。匕也为人形。顷字象一人（匕）向另一人（页）弯腰，意为倾倒。古汉语里，常见顷刻、俄顷字样，均指极短的时间。这层意思都是从一顷即倒延伸而来。

从顷的字还有颖、颍等。

化，据《说文解字》，右边的匕是化的本字，亻是后人所加。匕是一个倒置的人，即让人的体位发生变化。化字经逐渐引申，主要有如下几种字义：一是身体变形。如《庄子·逍遥游》：“北冥有鱼，其名为鲲……化而为鸟，其名为鹏”，即由鲲而变为大鹏鸟。后世又有梁祝化蝶、道家的羽化登仙等说法。进化的化似乎还保留此义。二是教化、感化。宋代朱熹为诗经作注，认为诗经是圣人“用之乡人，用之邦国，以化天下”的，也就是让天下人统一思想，给天下人“洗脑”，以改变原有的杂念。文化、有伤风化的化即持此义。三就是变化，包括溶化、融化等。

三、动物的蹄足。

能，是熊的本字。其中两个匕相应地由两只脚演变而来。为什么是两只脚不是四只脚呢？从动物的侧面看上去，一般只看到前后各一只脚。熊因为力大，因而引申出能的意思。能逐渐成能力之能的专字。另假借熊熊大火的熊字作狗熊的熊。在现代人眼里，熊很憨、笨。在古代并非这样。据《史记》，黄帝轩辕曾训练熊、罴、貔、貅、虎作战，打败了炎帝。黄帝国号就是有熊。学者认为，这几种猛兽可能就是几个氏族的图腾。春秋战国期间，楚国历代国君以熊为姓。

鹿，整体象形，像一只奔跑的鹿。因其奔跑时前后腿双起双落，从侧面也只能看到两脚，所以从两匕。

彘，义为猪，象猪形，而又从矢，矢表音。至于矢、彘读音的差别，就如同矢、知一样。其中两匕象猪蹄。鸿门宴上，项羽赐给樊哙生彘肩。彘肩即猪腿。樊哙用盾牌当砧板，用剑把猪腿切了吃了。刘邦死后，吕后对她所嫉恨的刘邦的另一夫人戚夫人残酷迫害，砍断其手脚，剜去双眼，熏聋耳朵，灌了哑药，扔到猪圈里，再封她一个绰号“人彘”。

四、匕为雌性符号。

在甲骨文中，匕就指女性，相当于妣。商代甲骨文中，男性以且（祖）甲、且（祖）乙等为名，女性则以匕甲、匕乙等为名。后世称先人中的男性为考、女性为妣。当然这里的匕与匕匙之匕完全不是同一象形。

牝，从牛、匕，指母牛。后泛指雌性动物。《尚书·牧誓》中周武王伐商纣，指斥纣受妲己的媚惑，对她言听计从，称之为“牝鸡之晨”，也就是母鸡打鸣叫早。

鸨，这是一种生活在水边的雌鸟，故从匕。据说，这种鸟可与其他类的雄鸟交配。《西游记》第六回说到，二郎神大战孙悟空，两人各显神通，不断变身。后来，孙悟空变成一只花鸨，“二郎见他变得低贱——花鸨乃鸟中至贱至淫之物，不拘鸾、凤、鹰、鸦都与交群，故此不去拢傍，即现原身，走将去，取过弹弓拽满，一弹子把他打个躘踵。”就是说，二郎神见孙悟空变成如此低贱的鸟，都不愿靠近他，就用弹弓打他。因此，旧时把开设妓院的女人比作鸨，称为老鸨或鸨母。鸨还从十，这个十字本应在鸟字下部，同隼一样，表其昂首挺拔之姿。

土（士）

以前，看到有些版本里夫婿、女婿的婿写成壻，很难理解：怎么是土字旁？现在的婿为女字旁，有点靠谱，但似乎也不妥当：明明是男性，干啥用女字旁？难道是沾老婆的光？后来弄清楚了。壻字中的“土”不是土地的土，而是来源于男性生殖器，与士是同一来源，或者说应该视为士。原来壻是一个非常阳刚的字。

另外一个字，也不好理解：牡，指公牛，但读音却与“母”相同。这给那些“音训”专家学者出了个难题。按这类专家学者的观点，同音字之间往往有同义关联，那么，读如“母”的牡应指母牛才对。前面说过，指母牛的字用了牝。但明白了牡字右边的“土”源于雄性生殖器之后，就不会计较其读音了。

由于作为部件，士与土不易区分，就放在一起说。

作为组字部件，土（士）大致有以下几种字义：一是土地、泥土；二、士是雄性符号，或雄性生殖器之形；三为人形，与大、夭相同，由其演变而来；四为其他形。

一、土作泥土、土地解

土字本是土块的象形。甲骨文中，下部一横象地面，上面是土块。

《左传·僖公二十三年》中说，晋公子重耳流亡在外时，“乞食于野人，野人与之块。”也就是说，向乡民要饭，乡民不给饭，却给他地上的土块。重耳大怒，想揍人。他的随行人员子犯连忙拦住他，说这是天赐土地的象征，跪拜接受了这块土坷垃，并装在车上。可见古人将土块与土地紧密联系在一起。土在农业社会是最主要的自然资源。古人因土筑屋、以土为器、利用土地种植农作物，因此也用土造了大量汉字：直接表示土的有尘、埃等；以土作建筑的字有城、墙、壁、堵、垣、塔、基、堤、坝、墓等；以土描述地形地貌的字有坡、坂、坎、场、坪等；以土为器的字有：坩埚、埙（乐器）、型（铸造用的模子）；需要用土从事某项活动的有培、墁（用泥抹墙）、垫、埋等；还有表示泥土、土地的状态的有垮、塌、坼（干裂）等。

二、表示雄性生殖器

士，本为雄性生殖器，后引申为男人。《诗经·召南·野有死麇》中描写桑间濮上爱情的诗句有“有女怀春，吉士诱之”。这里的士就是勾引怀春女子的男士。士又引申为一定地位的男人。壮、吉、毐、牡、壻等字中的土（士）均由男性生殖器形状演变而来。

壮，义为成年人。从丬，表音，如状、将等都如此。从士，表示已成年。

吉，《说文解字》解释为“善也”，语焉不详。后世学者认为从士、口，分别为雄、雌性生殖器。所谓吉，无非是古典小说里说的“成其好事”。称洞房花烛夜为“吉”日良辰，近乎本义。甲骨文中记载占卜结果、表示吉凶的文字，没有现今的吉，相应的只有贞字。说明吉是稍后所造的字，甚少是不用此字来表吉凶。

毐，从士、毋，读音如矮。此字很生僻，用于人名，战国时期秦国有嫪毐。用此字命名，见于文献的，似乎千古仅此一人。原来这个毐字并不是什么好字。据《东周列国志》载，当时秦人称“士之无行者”为毐，也就是无良人士。毐中的士是男性生殖器之形。毋，是女字加一撇(见关于女的部分)，象女子受奸淫状，引申出“不要、别”的意思，作为否定词。据史载，嫪毐本是咸阳城中一游民，据说以其阳具雄伟、好淫乱而名声在外。秦始皇之母、当时的太后，将其假阉割召至宫中，与其私通。嫪毐一朝得势，异常骄横。秦始皇听说这事非常嫌恶，发兵处置。嫪毐事先得知消息，纠集一干人马作乱，被秦始皇处死。其名如此不堪，又与其人极其相符，可以推断，此名为旁人所起，是外号。正如受到膑刑的叫孙膑；脖子上被套以鞅而遭车裂的叫商鞅。

牡，从牛、士，士与土形相混。士为雄性生殖器，牡本意为公牛。后也泛指雄性。《诗经·邶风·匏有苦叶》有“雉鸣求其牡”，是说母野鸡用叫声来招公野鸡。后来，人们把门锁中可以插入、拔出的锁簧称为门牡。显然，这是从“士”那里引申而来。

三、由大、夭这样的人形演变而来，在篆文中还能看出人形

走，在篆文中，上部象迈开大步、甩开双臂的人形，下部从止，止是脚丫子。走本指快跑。韩非子“守株待兔”的寓言中：“兔走触株，折颈而死。”如果不是疾跑，不可能撞上树桩，把颈子折断。今有奔走一词。奔的上部本与走相同，但还保留了人形。走后来泛指行走、步行。

从走的字，仍有快走、大步之义，如：趣、趋、超、赴、赳等。

去，上部与走一样，也是奔走的人形。在此表意，指跑开。下部在篆体中略呈凵形，是一容器的形状，应是筥，为竹编或荆条编的可以盛饭的器具，在此表音。去在古文中多指离开，如《岳阳楼记》中“去国还乡”，是指离开朝廷而回乡。今有去世一词，即离开人世。后转指离开此地前往彼地。

達，达的繁体。从辶、从羍。其中的“土”就由大讹变而来。羍从大表音，从羊表意，指羊羔。羍也在達字中表音。归根结底，達以大表音。今简化为达，是符合字理的。達从辶表意，指交通便捷，通达四方。

幸，上部的土，是由夭讹变而来。下部相当于倒置的夫，或可视为屰，是倒置的人形，表倒、逆。是什么意思呢？原来，天上掉馅饼、平地出喜事，不能算幸。只有逢凶化吉、化险为夷才算幸。幸的上部是夭，夭是短命而亡，这是人生之大不幸。下面再设一个表倒过来、反过来的部件。合起来则是遇难呈祥。从幸亏、幸免、庆幸、侥幸等词汇可以看出有免灾除凶、躲开了倒楣事的意思。后来泛指好事。运气好叫幸运，有福气叫幸福。甚至一度成为表述皇帝王行动的常用字，如：帝王到某地叫幸某地；帝王偏爱某人叫宠幸；帝王到某人嫔妃处过夜叫临幸。

四、由其他形状讹变而来

寺，上部本是之，表音。从寺的字，如峙、痔拓都读 zhi，读音均来自之。从寸，表意，指办事要有分寸、法度。

圭，本是整体象形字，是一种上圆下方的玉。圭也写作珪，加了斜玉旁。《诗经・大雅・抑之》：“白圭之玷，尚可磨也，斯言之玷，不可为也”即白圭上的瑕疵可以磨掉。但说话要谨慎，不能有毛病。圭也是天子分封诸侯的信物。今天我们都已习惯将圭看成两个土。

封，很容易让人联想到天子以圭为信物来分封诸侯。其实，封的左部并不是圭，它的下部是土没错，但上部来源于一株树的形状。封本是在地上种树，因此有树立之义。

有《菩萨蛮》道“部件趋同”曰：

白圭是玉何来土?
公牛长士方称牡。
贝口岂成圆?
逼畐安有田?

曹中无日曰,
朕也非关月。
前辈字稀松,
今人头发蒙。

第五章　部件错舛

从北大博士生导师错解“教”字说起

2009 年端午节，中央电视台在宁波的河姆渡文化遗址做了一个节目，请了些名人名嘴，如于丹、聂卫平等面对中外观众来侃端午节，主要讲的是传统节日传承文化的作用。河姆渡是一个具有 7000 年农耕文明史的地方，她表明长江流域同黄河流域一样是中华民族的摇篮。总的说来，嘉宾们讲得很好。但是，其中一位北大的教授、博士生导师由孝字讲到教字，硬是把孝道与教扯在一起，显示其汉字功底的浅薄。尽管从现在的字形上看，两者有关系，但实际上毫无关系。

说孝和教没关系，是因为教字本应写作敎。其左上角与希、肴的上部相同，实际上应写成“爻”。将它与学的繁体學比较一下，就能发现，这两个字里都含有爻、子这两个部件。所谓教学相长，这两个字密不可分。爻是教具，子是教学的对象。这是两个关键部件。而孝是老字头(这一点，这位教授、博导说对了)，下面有子。孝讲的是小孩与老人的关系。这两个字的字形今天有相同的地方，是演变中的巧合。也可能是像这位博导一样，以其“权威”，作了错误的理解，以致以讹传讹。

讲完教字的左边，就讲右边。这位博导说教字的右边是个文。大家知道，这个攵，俗称“反文”，是因为与文字的形状略有相似。有个拆字联“古文故人做”，把“做”拆成“故人”、“古文人”。可这是文字游戏，不是解字的正道。攵是手持工具的象形，一般有表示敲打、加工某物等意义。我要强调：除了“致”字中的攵应该写作夂之外，所有的攵只有上述一种解释。学也有写成斅的，教和斅都需要敲打。古时教师是要拿戒尺的。一个博导把手拿工具的形象说成“文”，这是要命的。

今有《卜算子》专道这类博导：

教授妄说教，
乱扯教和孝。(第二、第三个教读平声)
汉字源流弄勿清，
怎不贻人笑。

学问陋如斯，
尚未窥堂奥。
此辈为师误几人?
只有天知道。

教字在经过长期演变后，左边变成“孝”，也就是爻讹变为老字头。这不是教字独有的现象。我们姑且称此现象为“部件错舛。”

“部件错舛”与上一章的“部件趋同”有相似之处，就是一种象形字混同于另外一种象形字。这两种现象不好绝对划分。相对区分在于：部件趋同是一种象形字集体混同于另一种，如邑字作为右偏旁时全部变成阝，混同于左阝；部件错舛则是个别现象，如个别爻成了老字头，有些还是原状，或是像希、肴中的一样，接近于爻。

在手书时代，大家各写各是，部件错舛现象很常见，即便像苏轼这样的大家，其笔下也经常出错（见图 5-1～7）。在文字演变的每个阶段也都偶有发生（见图 5-8～10）。早期的错舛被因袭，当世的错舛又产生了，这样就积攒了不少。从数量上来说，当以变隶、简化两个阶段造成的错舛最多。部件错舛造成两种后果：一是字义不好理解；二是读音的依据缺失。

以下一组书法作品是苏轼所书《醉翁亭记》片断。

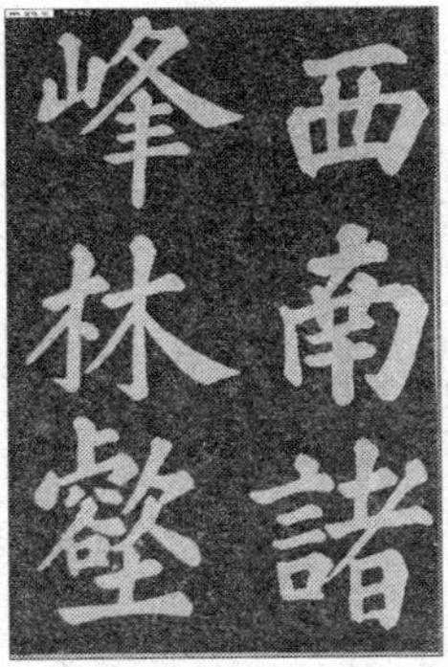

图 5-1　壑字的错不只一处

图 5-2　僧字错

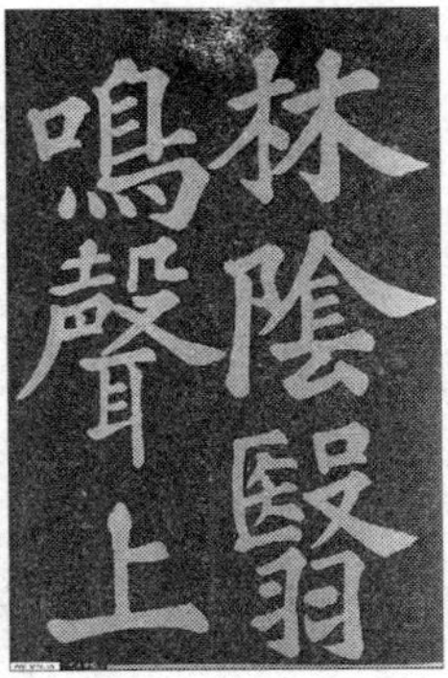

图 5-3　阴繁体作陰，从今表音，从云表意。

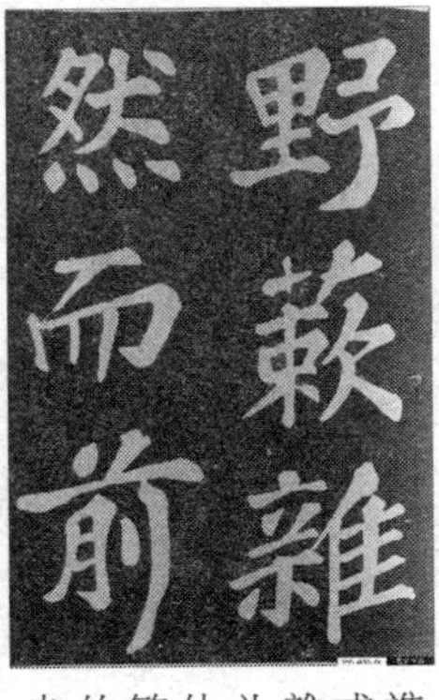

图 5-4　杂的繁体为雜或襍，从衣、集。雜的左上脱胎于小篆的衣，左下的木从集字中移来。

图 5-5　归的繁体作歸。其左上角表音（一撇可有可无）；帚、止会意为女人出嫁（甲骨文中以帚为婦）。归的本义为出嫁。

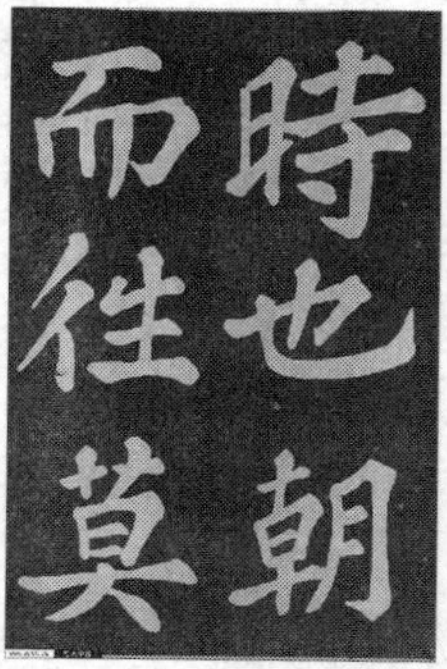

图 5-6　往的读音来自其中的王。从生则无理。

图 5-7　年应为季。

图 5-8　藏字错。藏从艹、戕、臣，臣置于戕中，而与戊无关。

图 5-9　林森所题“大雄寶殿”有三个字不规范。雄从厷表音，而不是从右；寶从缶表音，寶与缶上古同音（帮母、幽部）；殿从殳，《说文》中，殿在殳部。

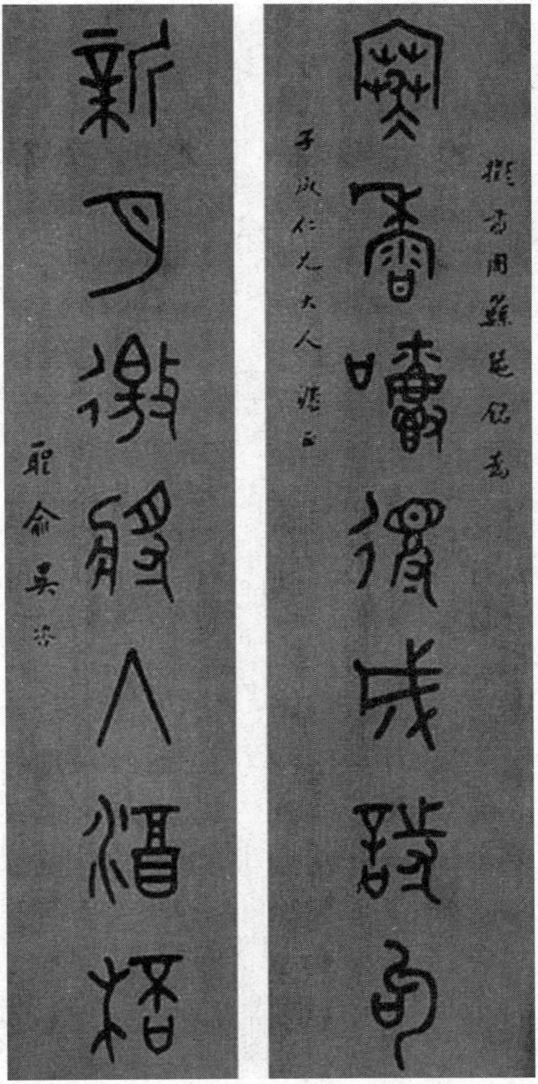

图 5-10　大篆书联：寒香嚼得成诗句，新月邀将入酒杯。其中，得字右上角本应为贝，而这里写成“见”，手持贝为得。

字义不好理解

有一本写纪晓岚的书，说纪晓岚生性诙谐，爱恶作剧。书中说到一个情节，我怀疑其真实性：一位朋友请客，其他客人先到了。纪晓岚姗姗来迟。主人正要迎出来，纪晓岚也到了门边。两人隔着门说话。主人问其迟到的原因。纪说："我正要出门，邻居请我写契约。契约里提到抓阄（jiu)。人老了，真是不中用了，我怎么也想不起来阄字如何写。我只好先放下了，赶到这边。"主人说："这字怎么会忘了？阄字就是门里边一只乌龟的龟。"纪晓岚哈哈大笑，指着主人："哦，门里一只龟。"主人这才发现上当了。

我从哪里怀疑这个故事的真实性呢？因为阄字在清代应写作鬮。注意，这个字的上部是鬥，现写为战斗的斗，而不是門（门)；下面的龜的确简化为龟。作为纪晓岚这样的学问家和他的官场上的朋友是不可能将鬥与門混淆的。只有草书或简化后的字中才会将鬥写成门。阄的字义来自这个鬥（斗)，《说文解字》释为"斗取"。今天仍有以抓阄定胜负的事。龟字当是在阄字里表音。龟是多音字，还有一读音为 qiu，如古地名龟兹（读为 qiuci)，与 jiu 可以互转。揪，从秋，但也读 jiu，就是佐证。

同样，阋，本应写作鬩。鬥与兒（儿）会意为小孩之间的争斗，不是成人之间你死我活的斗。《诗经・小雅・常棣》说："兄弟阋于墙，外御其务。"是说兄弟在家里相斗，但会一致对付外来的侵犯。兄弟之间的斗肯定不同于仇人之间的斗。将鬥变成门，人们就很难发现其字义。

还有，闹，本应为鬧，是会意字，集市里，有人相斗，就是闹。这字较早将鬥错讹成門，写成閙。

阋也是这种情况，本应为鬩。《诗经·大雅·常武》有“阚如虓虎”之句，可以看出，阚大概有像虎那样好斗、善斗之义。此字也这较早地错讹为闞。

内讧的讧，初接触这个字的人难解其义。如果写出其异体字鬨，就知道它有争斗之义。内讧就是窝里斗。

虜，现简化为虏。虜看上去上面是虎字头（虍），下面是男。这种写法至晚在宋代就有了。据说，金兵南侵汴梁之前，汴梁城中流行在家门上张贴男子头顶虎头的画像，大概是为了驱邪。有一大户人家贴的则是金色画像。金兵入城，进驻这户人家。这家人流离失所。后来，人们附会说，男子顶虎头，这不是“虜”吗？这种金色画像不就是“金虜”吗？门上贴此像，不就意味着金虏在门吗？“金虏”是汉人对金兵的蔑称。

其实，虜与“男”没有关系。中间的“田”是由毌讹变而来。毌即贯字头，也与贯同音。毌就是用绳索将多个东西串起来。从字形上看，左右串起来是毌，上下串起来就是串。贯也含有此义。虜字从毌、从力，是指拿绳子用力将俘虏们串起来。虍则用来表音。这一点可参照也是以虍表音的虑、盧（简化为卢）。

尉，是一个会意字，大概是用火炙的办法来治病。分解成若干部件的话，应该有：尸——屈体的病人；火及被火加热的器具——用来治病；寸——持器具的手。尉因此有治理的意思，后来多用于官名。现在，火及被火加热的器具，合起来变成示。又在下面加火，作熨。熨还是用火烫。慰，还是会意字，就是言语、行动等安抚，使人心情熨贴。

与之相似，票字下面本来也是火，火可托举轻盈的物体，甚至使之上升。这从飘、漂等字中可见端倪。票字本身就有轻便的意思，因此后来多指代表一定价值的实物的纸片。

虚，本应写作虗，以虍（虎头）表音，以丘表意。至于虚与虎读音的差别可参照许与浒。虚的本义就是指丘山。《山海经·海内西经》中有“昆仑之虚，方八百里，高万仞。”后来又指废弃的城池、房屋等，因其瓦砾成堆，相当于现在的墟。《诗经·鄘风·定之方中》“升彼虚矣，以望楚矣。”就是登上那废弃的故城而眺望楚。现在常用的空虚之义当是自废墟引申而来。

丘本是平地上有两座小山的象形，在小篆中其写法与业略有一些相似，虚中的丘就变成了业。

色、邑，下面的“巴”均应写成犯字的右部。犯字右部与卩是同源部件，都是跪着或弯腰的人。色，上部的⺈就是人。一人跪向另一人，以表谦恭之色。邑，是人口聚集之所，上面的囗是平面图。而巴是大蛇的象形（见图 1-8)。

处，本应为処，从夂、几。几即矮桌、案几，夂是脚。古人居家常坐于案几之前。处会意为安置、位于某地。与処中的几讹变为“卜”相反，有些字中本来接近卜形的东西变成了“几”。比如：敲，右部就是手（又）持工具的象形，来表敲打这个意思。这个象形到了役、毅、殺(杀）等字中，就变成“殳”，手中所持工具变成了“几”。这大概是因为在小篆阶段，这种工具的写法与“几”相近的缘故。

卧，其中的“卜”本来是人，因此有臥这种写法。卧字左边的臣也是讹变的结果，它本来是席子或榻的象形，而臣是眼睛的象形。人在席子或榻上即为卧。

宿，其中的宀是房子，“百”本来也是床席之形，再加上人，在房中安歇之义比较鲜明。

幽，里面有个丝，“山”则由火讹变而来，幽就是以火燎丝。甲骨文、金文中，火形与山形易混。火字本像有三束火苗的火焰。甲骨文、金文笔划较僵硬，难以体现火苗柔弱跳动的特征，故与山形略似。幽为以火燎丝，会意为焦黑。甲骨文中，幽牛即黑牛。

耑，本是草木刚出生时的整体象形。上部是苗，下部是根须。耑显然与山无关，下部与而似乎沾边。因为而本是胡须的象形，与根须有相似之处。耑比喻事物的开头、发端。端、瑞从耑，有表意成分。另外，揣、惴、湍、圌、颛等字均从耑表音。

段的左偏旁，看上去绝无仅有，实际上与耑是同源部件，比起耑略有简化，主要是露在地面的部分，省略了地下的根须。

微，从甲骨文、金文看，微的中部是整体象形，与長字相似，为人的毛发。右部的攵，是手持工具之形。微字如果去掉彳，中、右部会意为除去毛发。因此，它有两支字义，一是指毛发而极微细；二是指除掉。这两支字义后来转嫁到微字身上。前者如微米、无微不至；后者如微服私访，即脱掉官服，私下里走访。

徽、徵两字均含有微的省略形。徽以微表音；徵以微表意。

岂，繁体为豈。上部的“山”是微字中部的省略，在此起表音的作用，以岂表音的硙（wéi）与微同音，可为佐证；下部的豆由壴（即鼓）省略而来，在此表意。豈从壴，《说文解字》释义为“还师振旅乐也”，即相当于凯歌之凯，凯旋即奏凯而还，正如旧时小说里说的“掌着得胜鼓”回师。《诗经·小雅·鱼藻》“岂乐饮酒”，即奏乐饮酒。岂引申为快乐、和乐。《诗经》多处有“岂弟君子”，如《诗经·大雅·旱麓》“岂弟君子，神所劳矣。”岂指快乐、和乐，弟指能够处下、平易近人。在这个意义上，岂也作凯，如《诗经·邶风·凯风》“凯风自南，吹彼棘心。”凯风即和乐之风。

凯，《说文解字》未收录。笔者疑岂、凯本是一字，岂字由微字中部省略时，省得多，省去了几形，而凯字则未省去几形。凯、与岂后来分化，前者保持原义，作军乐解，后者被挪用作副词。

上述字里面的“山”有三种来源：一是火苗形，二是草木初生时露于地面的苗；三是头发形。

舟，在朕、前、俞、服等字中错讹成“月”。

朕，左边本是舟字，右边本是双手持工具的象形。朕是用工具修补船的样子。腾、滕、塍、媵等含有朕字，左部均为舟。

前，本来上面为止，下面为舟，作歬，像脚站在船上，可以“不行而进”，也就是不迈步也能向前移动。

俞，其中月形本为舟，上部的三角形与刂本是一体，合而为凿木头的工具，如斧、锛之类。整个字会意为将木头中间挖空做舟。俞因此有挖空或空的意思。

服，右边是用手制服一个跪着的人。服的服从、顺从之义即由此而来。左边本来也是舟。服会意为驾船，使船按人的意志行驶。引申为驾车、拉车，成语“骥服盐车”就是让千里马拉盐车。服役、服务之义当由此引申而来。

着，现在只能拆分成羊、目。笔者推测，着由著字演变而来。据中国书店出版的《四体大字典》，陈武帝草书的著字即与着非常相似。果真如此，着字的出现当是在公元 6 世纪以后。着字出现后，继承了著的部分字义，并未完全代替著，于是两字同存。而著，《说文解字》也未收录，收录的是箸。著也是后人依据箸简化而来。

差，现在只能视作从羊、工。篆体中，下部为左，上部是垂字头。垂字头是禾苗蔫头耷脑的象形，叶片下垂。左、右，其本义与现行字义不同，与今天的佐、佑相同。左有帮助之义。差会意为亟待帮助的禾苗。差因此指状态不好。

盖，现在只能视作从羊、皿。繁体为葢、蓋。其实，去掉艹，它们的意思也是盖。先看看盇：下面为盛有东西的器皿，中间的点是所盛之物，上面的大字是个盖子形状。会意为遮盖。它变成盍的模样，也是书写家的误会。盍后来多用于疑问词，相当于“何”，或者“何不”，又加艹，另造蓋。蓋又被草书成盖的模样。

肯，本义是骨与肉相连处，《庄子·养生主》“技经肯綮之未尝，而况大軱乎？”是说庖丁解牛时，刀刃从不碰筋筋结结的地方，更不会碰大骨头了。今有中肯一词，肯即源于此。因此，肯字的下部是“肉月”，上部应是表骨头的骨字头冎，有骨有肉才对。但这样一来，与“骨”撞车了。大概是这个原因，将肯字中的冎简化，以区别于骨，肯写成肻、肎。有人不明就里，将肻错讹为肯。以讹传讹，就这么定下来了。

别，左边本应是冎，或是半边冎，以刀剔骨，使骨、肉分离，就是别。引申为亲人分离。别此前写作別，还可约略看出它的左部与冎的关系，现在变成了口、力。有个以“别”为底的字谜：“胡乱加一刀。”就是把加拆成口、力，重新拼起来。

冄，本是枝条等柔弱下垂的样子，其中的两横本应从中间断开。不知何故，后来写成冉，曹植有诗句：“柔条纷冉冉，落叶何翩翩。”像关公那样下垂的大胡子称为髯，冉在髯字中表音又表意。如果说在苒、蚺、柟（异体字为楠）等字中冄均已变作冉，是大势所趋的话，那么在衰字中进一步出现了讹变。

衰，从衣（衣字被分成上下两部分）、冉或冄。衰一是指蓑衣，二是指丧服。这二者的边缘都有条状下垂，因此从冄。古代丧服用麻布，往往不锁边（也有缝边的，叫齐衰），露着线头。蓑衣、丧服后来分别用蓑、缞这两个字表示。古人守丧时间长，服衰的时间自然也长，做衰的麻布比较稀松，再加上不锁边，难免不断抽丝掉线，日益稀疏。衰引申为耗损、减少、败落等。贺知章的“少小离家老大回，乡音无改鬓毛衰。”衰即稀少。现在的衰字中间已看不出冄了。

原，厂里面本是泉。厂是山崖之形。原会意为泉水出于山崖，是源的本字。原因此有初始之义。

厚，里面的“日、子”，本是一个整体部件，是高字头的颠倒形。从地面往上叫高，从地面往下叫厚。因此与高颠倒（见图 5-11）。厂是后加的。

图 5-11　上善若水　厚德载物

覃，下面的“早”也是高字头的颠倒形，指厚。上面的覀则由鹵（今简化作卤）讹变而来。卤即盐卤。覃会意为味道浓厚。

敖，据《说文解字》，由出、放两字组成，也就是说其左上角本应为出字。敖的本义就是出游。《诗经·邶风·柏舟》有“以敖以游”之句。后来又加辶，作遨游。

款，据《说文解字》，左上角的“士”也本应为出。款的左部应为祟，而这个祟又是由一个更复杂的字省略而来。

賣，上面的“士”也是由出讹变而来。買賣今天简化为买卖。買，上部是网字的变形，下部是贝。网有收进之义。買因此会意为用钱将东西收进。而買字头上加“出”为賣，与買意思相反，就是将东西出手。

寿，繁体为壽。这两种写法都很难让人将其与寿命的寿联系起来。实际上，壽的上面应该是老字头。这就让我们想到与年龄大有关。壽的下面是表音部件，来自田畴的象形。现在，畴反过来以寿表音。

羡，本应为羨，下面这个字从氵、欠，也是涎的异体字。羨的上部是美字头，下部是垂涎的涎，会意为对美好的事物的向往，就像看到别人吃好吃的东西流哈拉子一样。羨字的读音也源于这个“涎”。现在其下部变成次，就不好理解了。

盗，本应为盜，与由羨变成羡完全一样。正是因为垂涎于别人的东西才会去盗。

粥，本字应为鬻。下面的鬲是炊具，鬲上有米。两边的弓怎么解释呢？原来是两道弯曲上升的蒸汽。大概是弯弯曲曲的形状与弓字相似，就错讹为弓。鬻不正是熬粥的情形吗？作为卖官鬻爵、卖儿鬻女的鬻，是假借为另外一个字，与其本义无关。粥实际上是鬻字的省略。

融，左边鬲当然还是炊具，右边的“虫”也是弯曲上升的蒸汽。因为虫的原型就是蛇，早期的虫字也是弯弯曲曲状，与表示水蒸汽的笔划相混。小篆中，融字有三个“虫”，即表示有多道蒸汽。可这正与蟲字相合。后被省略为一个“虫”。生活常识告诉我们，如果用大锅熬粥或烧水，锅里的粥或水烧开了，大量水蒸汽从盖子周边的缝隙逸出、升腾而最终会合在一起。鬲就是这样的大锅。融字再现了粥或水开了的情形。融因此有融洽之义，又有和乐之义，如其乐融融。

戮、廖、缪、寥、蓼等字，都含有一共同的部分，上面为羽，下面其实应该写作习，即半个羽。因为羽本是鸟的两只翅膀的象形，而下面也是一只翅膀的象形。三只翅膀放在一起，指翅膀多，也就是多只鸟同时在飞。《庄子·齐物论》中描绘风："是唯无作，作则万窍怒号，而独不闻之翏翏乎?"这里的翏翏就是多只翅膀扇动时的声音，以此来形容风声。大概是因为"习"在小篆里是四笔，在横折弯里有三撇，才与诊(去讠)相混。

一般来说，在含有这个翏的字里，都用它来表音，但也有表意的，如勠，今有勠力同心一词，也就是齐心合力。多个翅膀一起，正有"合"的意思。

培、陪、焙、菩、部等字，都含有一个共同的部件。它原是否字头上加丶。据《说文解字》，这个丶是啐出的唾沫。它与否字合起来，字义相当于"呸"，也可以说是呸的异体字。否、丕读音相近，都读 pi。可以说，其中的"立"是由"不"讹变而来。

还有一些部件，因为外形很相近，容易混淆，造成错讹。

前面说到过，舛，左边本应从夂，与右边放在一起，就是双脚。因为在书写时的礼让，其中的一捺未出头，夂就变成夕。相应的，舞、舜、桀中的"夕"都是由此而来。

内，应为从冂、入。入本是箭头形，像尖利的东西，指容易插入。现在看起来从冂、人，人们往往臆想为人进入门。据说，全字上面也应为入，下面是玉。但不知作何解释。

致，左边本应为夂。夂是脚尖朝下或朝这边的象形，义为过来。各字从夂，本义就是过来。夂错讹为攵。攵一般为手持工具之形。

顺便说说至。至的原形是：下面一横，上面一个倒过来的矢。矢就是箭，箭头朝下，表示射过来（有关脚的部件也是这样，朝上表示去、往，朝下表示来)。下面加一横，表示箭抵达目标。其字义很明了。其读音也应源于矢。从矢表音的字，如雉、彘、知等，都读 zhi。至变成现在这个样子，大家就不明所以了。

与致相反，条字中的夂应为攵。因为条的繁体为條，而條从攸、木，指细长的枝条。而攸字里为攵，而不是夂。

变的繁体为變，下部应为攵（见图 5-12）。改字也从攵，与变字义相近。简化后，下部成了“又”，真是大“变”。

图 5-12　2008 年，日本所选当年汉字为“变”。

爱，繁体为愛。下部也发生了讹变。

有损读音信息

孔子从外面回家，听说厩着火了，不问财产损失情况，只问人伤着没有。字典上告诉我们，这个厩就是马棚，读音与究相同。

厩怎么解释呢？其中的厂是简易建筑或遮蔽物。这字本应写作廏，其中的广与厂没多大区别，也是遮蔽物，里面的皀与殳，合起来相当于簋，是食器，读音同轨。这个“食器”在此表音。有人会质疑：“食器读音为 gui，而厩读 jiu，两者的读音有关系吗?”有关系！以九表音的字，如轨、宄、氿都读 gui，如究、鸠则读 jiu。可见这两个读音是可以互转的。这个字又可以写成廄。因为皀与艮是同一来源，也是早期食器的象形。廄又被错讹为厩。既在这个字里就不好表音了。

卯、丣这本当是两个不同的部件，一个读音为 mao，一个读音为 liu，两个本来都是左右对称的部件。它们后来混同了，往往都写成卯。铆、昴、峁与卯同音，均从卯无疑。柳读 liu，显然从丣，因此也写作桺。畱也从丣，是留的异体字。它们混同了还不打紧，卯在贸、留、劉（简化为刘）中进一步变形，看不出左右对称了，卯的右边变成了刀。按读音区分，显然，贸属于卯系；留、劉（刘）属于丣系。有人将劉分解成金、卯、刀，认出了其左上角的“卯”。这仍是一知半解，若求甚解的话，应分解成金、丣、刀。

那，从冄、阝，与绝大多数从右阝的字一样，本指地名，是周代的一个边远小国。后来做指示代词，大概是因其遥远。习惯上，近者为这、为此，远者为那、为彼。冄在那字中表音。冄与那之间的读音链是这样的：冄（冉）一枏（楠）一南一南（na）无（mo）阿弥陀佛一那。

查，本应写作查，下面是且，不是旦。皻、皶、齇，同音（均读如渣）同义，俗称酒糟鼻子。皻的左部，以虎表意，以且表音，指老虎的秉性。皻又以其左部表音，归根结底，其读音来自且。再看看樝、柤、苴都有 zha 或 cha 的音，与查相同——查做姓氏时读 zha，做动词时读 cha。可以推断，查以且表音。

没，现在看起来从殳。殳在很多字里都曾出现，一般说来是手持工具或兵器，其中的“几”由工具或兵器演变而来。但没字里却不是这样，其中的“几”写作“回”更能表意。从早期的文字可以看出，回是水的旋流之状。回字再加一只手——又，就像人掉进漩涡里，一只手在水面上挣扎，表沉没之义。此字本来无需加氵。现在的没很容易让人理解为以氵表意，以殳表音。但殳读 shu，与没的读音相去甚远，表不了音。

与没（mo）同音的殁，显然是以没（省略氵）表音兼表意。

潜，潛的简化（与其说是简化，还不如说是异化）。潛所从朁，在此表音。我们看簪、谮、僭等字可知，朁在此表 an 或 en 的音，古韵是相同的。现在变成“替”，替是无法表音的。另外，朁可能还有会意成分。从朁的字往往有尖利、扎的意思，如：簪是尖的，谮就是给别人“扎针”，僭有插队、加塞之义。潛水就是扎猛子。

狄。古代中原地区称北方为狄、西北为羌、南方为蛮，分别为犬旁、羊头、虫底，反映了那时中原人的看法。那么，狄从火怎么解释呢？原来，应该从大，以大表音，与杕读音相近。《诗经・小雅》有“杕杜”之章。

急，本来从及、心，以及表音。及本来包含两个部件：卩、又，前者是一个人，后者是一只手。用手从后面去够前面这个人就是及。够不着就是不及。及在急字中也许还有表意作用。《墨子・亲士》中有“见贤而不急”之语。这里的急就是想得到。因为“又”讹变成彐，及就变成了“刍”，与芻的简体混为一谈。“刍”既不能表音，也不能表意。

稳，繁体为穩。此字去掉左边的禾旁，含有两只手、工具、心，就能表示心神稳定、认真做好手中的工作之义，就是稳的本字。加禾旁，应指庄稼长得匀称，杜甫《丽人行》有“珠压腰衱稳称身”之句。现多假借稳用于稳定、安稳，这且不管它。但穩的右部在此字中表音是无疑的。同样，隱也是以此表音。穩、隱二字韵母相同，至于声母差别可参照吴与娱、完与元等。但这个表音的部分现在变成“急”，真让人急不得恼不得。

截，本应从雀、戈，以雀表音，以戈表意。戈这种兵器也可以用来砍人。截有砍的意思，如斩钉截铁。普通话里，雀与截的读音似乎相去甚远，但在南方方言里，截往往读 qie，与雀相近了。电脑里找不到从雀的“截”字，但有巀，山字头，指山势高峻。其读音与截相同。

志，上部本应为之，以之表音。现在看起来，是以士表音，读音信息受损。

寺，与志一样，上部也应为之，以之表音。试看从寺的峙、痔等，与志同音。

顺便说一句，之本由止和一横组成。这与“正”相反。正的一横在上，止在下（见图 5-13）。

图 5-13　匾额“定海山”定的下部为正，而不是之。正在定中表音，与之的共同点是都含止。

驴、芦、炉、庐，我们都知道，这几个字的读音都读 lu。它们的繁体均含有盧。盧现简化为卢，而不是户。而鲈、舻、泸、颅、垆、胪、轳、鸬等，本也是从盧，这里都简化为卢，还算靠谱。不知有关部门领导和专家们为什么不将驴、芦、炉、庐等字中的户统一成卢呢？从户是极不靠谱的事。户在这些字里既不表音，也不表意，对孩子们学习汉字是极大的障碍。

弯、孪、娈、栾、峦、脔、恋、蛮、銮、挛、鸾、变等，韵母为 uan 或 an，它们上部的“亦”都由一个共同的东西简化而来，在这些字里显然有表音功能。它们本应为彎、攣、孌、欒等，简化后，很容易与奕、弈等相混。奕、弈等字的确以亦表音。

也有把简单的字写繁写错的。如把叫写成从口、斗（见图 5-14）。

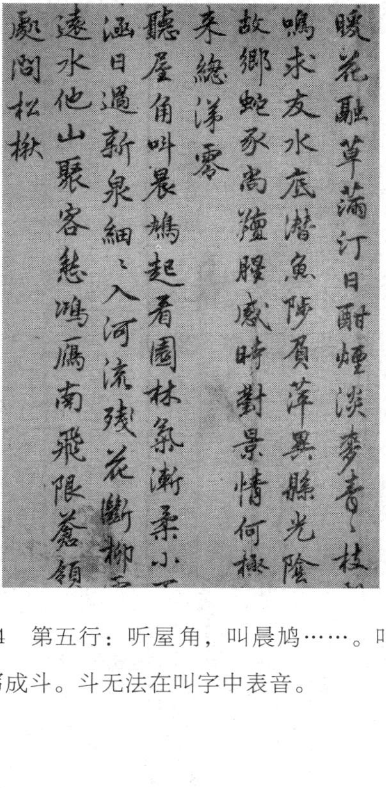
暖花融草滿汀日酣煙淡麥青〻枝
鳴求友水底潛魚陟負萍異縣光陰
故鄉蛇豕尚[illegible]腥感時對景情何極
來總[illegible]零
聽屋角叫晨鳩起看園林氣漸柔小
涵日過新泉細〻入河流殘花斷柳
遠水他山聚客愁鴻鴈南飛限蒼嶺
處閩松楸

图 5-14　第五行：听屋角，叫晨鸠……。叫字的右部写成斗。斗无法在叫字中表音。

也有《卜算子》专道本章：

既改門为门，
复变卢为户。
马虎书生古有之，
今赖专家误。

旧错未消弭，
新舛还流布。
错舛长留规范中，
举国行歧路。

第六章　部件省略

有一个小测试："氵加来，读什么？"只要是认识涞字的，都会说："读来。""氵加去，读什么？"有人不假思索就回答："读去。"稍一思索，发现错了。

法，为什么不读去的音呢？因为它不是形声字，而是会意字，去在这里不表音。法的繁体是灋，右上部与鹿形略似的廌，也是四蹄、有角的动物，是一种"独角兽"。据说，"古者决讼，令触不直"。原、被告打官司，不知道谁对谁错，此兽能在公堂上断是非曲直。谁要是被这种独角兽拿角顶一下，谁就理屈，输了。《说文解字》说："触不直以去之。"这就解释了为什么含有"去"。加氵，寓意司法应该像水一样平。这个法，倒不是当代简化的，小篆时代就有了。所以说，法是省略了"独角兽"这个关键部件而来的。

还有两个与法相关的字——砝、珐。砝是天平出现以后才造的字，用于砝码。珐用于珐琅，即给器物上涂的釉。显然，它们是跟着"法"来读音。砝本应从石、从法，以石表意，以法表音。珐本应从斜玉旁、法，以玉表意，指釉质光滑、有光泽，以法表音。但它们都省略了氵。

《说文解字》中说“从某省”，指的就是这种情形。

部件省略的后果有二：一是丢了表读音的部件；二是丢了表意的部件。字中所含信息有所损失。

有损读音信息

斑，其字义来自中间的“文”。我们从斑、斓、纹等字，以及文身这个词上，约略知道文的本义是指图案。此字的左右部分起什么作用呢？只要将它与班字放在一起，就会发现两个字在音、形上有共同之处。

原来，斑以班表音，只不过省略了班字中间的部分。班的左右是两块玉，而不是王。两块玉合在一起叫珏。用刀将珏分开，就是班。原来，班的中间是由刀演变而来。班的初义是分开、分。如《舜典》：“班瑞于群后。”即把瑞玉分发给各地首领。把分开后的其中一个单元叫班是很晚的事。班是会意字，而斑是形声字。

蛋，这是后起字，指龟、蛇等的卵。早期只有卵字，没有蛋字。蛋字从虫可以理解，指蛇蛋嘛，虫就是蛇。那么，疋，在这里作何解释呢？笔者认为，它是蜑的省略。蜑指广东、福建一带沿海的水上居民。蜑读音与旦相同。蜑在蛋中是否也有表意作用呢？有可能。蜑虽然指水上居民，实际上有两栖居民的意思，毕竟还要经常上陆地。龟、蛇也是两栖动物。

蔷、樯、嫱，都与墙同音，容易给人错觉，这几个字都以啬表音。而啬读如色，显然不能在蔷、樯、嫱、墙中表音。实际上，前三个字的读音都来自墙。可墙的读音从哪里来？墙本应为牆，读音来自其左部的爿。它与丬是同源部件，丬就是由其变形来的。将、戕、状、奘等都以此表音。蔷、樯、嫱应是以牆表音，牆以爿表音。却恰恰把表音的爿省掉了。

净。这个字应该写作瀞：氵，加一个静。首先，净应该是氵，指水纯洁，因此也写作淨、净。而冫只与冷凝有关。其次，静用来表音。而静字是由青来表音的。不信，看看精、菁、婧、睛、靖等字都发 jing 的音。净字里面省掉了青，等于把表音的部件省掉了。如果不搞清楚这一点，如何也说不通净为什么要含一个争字。

桌，显然含有卓。卓既表音，也有表意成分。因为在桌子问世以前，人们席地而坐，面前放一几——矮桌。人们坐到凳子或椅子上以后，这个矮桌也变高了。卓本身就有高的意思，如卓立、卓越。卓省掉下面的十之后，再加一个木，就是桌。当然，如果不省略，加木，就是棹，成了行船的工具。

酱，上面本来有个将，在这里表音。所以酱本为醬。现在省了个寸。同样，浆、奖，应分别为漿、奬。

同样，鉴，上面应该有个非常重要的字——监，既表音，又表意。监的繁体为監，本义是对着水盆里面的水来检视自己的面容。在铜镜没有问世之前，或是普通人没有能力获取铜镜时，只能用水照“镜子”。鉴的繁体是鑒，或鑑，都含有金、監，加金，无非是指铜镜。所以说：“以铜为鉴，可以正衣冠。”省略后的鉴，丢掉了装水的皿，拿什么做镜子呢？

梓，大家都知道，是一种树，这字的读音如子。这个读音从哪里来呢？这个字本来应写作榟，以宰表音。我们还知道，渣滓的滓，读音就是子。另外，仔有两个音，一是 zi，另一是 zai。用宰表 zi 这个音，大家应该都能接受。榟省略成为梓之后，就不明所以了。

麞，本应写作麠，即獐子，像鹿，故从鹿。《诗经·召南·野有死麕》“野有死麕，白茅包之。”麕从囷，表音，读如群。《诗经·魏风·伐檀》“胡取禾三百囷兮?”囷从禾、囗，指粮囤。有一个词叫麕集，那是与群相通。麕的另一个读音与君、菌相同，仍然是以囷表音。麇，省略了囗，看起来是从禾，人们就不知道禾的作用了。

缠，本应写作纏。纏以廛表音。廛即一家之居。从广，指房子；从里，即邻里之里，指居住区；从八、土，指分地而居。廛是会意字，没有表音的部件。简化为缠后，右边易与形声字厘相混。

绳，以纟表意，好理解。右边的黾在这里起什么作用呢？要说表音，黾读 min 或 mian，与绳的读音相去甚远；要说表意，黾是鳖的象形（黾的繁体作黽，鳖的繁作鼈，鼋也就是鳖)，与绳也无关联。原来，绳的右边是蝇的省略，绳（sheng）以蝇（ying）表音。这样，我们还可以接受，毕竟这两个字的韵母相同。另外，声母 sh 与 y 往往可以互转，如：失读 shi，但在轶、佚中表 yi 的音；食，则有 shi 与 yi 两个读音；谥，从益表音，但读 shi，第四声。

那么，蝇的读音从哪里来呢？来自这种虫子飞动时发出的声音。《诗经·小雅·青蝇》中有“营营青蝇”之句，“营营”就是拟声，而营、蝇同音。黾在蝇字里表意，指其肚子圆圆的，有如黾。我们还注意到，类似的肚子圆圆的如蛙、(蜘）蛛，其异体字不从虫，而从黾(黽)，分别作鼃、鼄。

辣，以辛表意，指味道辛辣。左边本应从剌（注意：不是刺)，以剌表音。用刀等锋利的器具将东西划破叫剌，现在也写作拉，但读第二声。辣字右边的束实际是剌字的省略。

疫，这个字与役同音，实际上里面的殳就是役的省略。役在此不但表音，也有表意成分。因为役的本义是去远方为人家提供劳务，往往还是无偿的。疫这种病不同于一般的病，是要扩散、传播的，也有远行之义。殳作为单字是一种兵器，作为部件，往往指手持工具或武器。不明白这里的殳是役的省略，认为疫从殳，就不知道它起什么作用。

殁，前面说过，右边的“殳”，实际上是没省略了氵。

疖，读音同节，里面的卩是节的省略。繁体中则不省略，作癤。節是节的繁体。节在这里表音，也表意。因为节本指竹节，也泛指树木被砍过后留下的节疤。人体因火毒而生的疮，有如节疤，因此叫疖。

盤，现简化成盘。它以般表音。般有一个读音就是 pan，如般桓、般陀路。般省略成舟，不能表音。

雖，从口、唯，以唯表音，归根结底以隹表音，如睢，与虽同音。省略了隹之后，没有了表音部件。

庿，现简化为庙。显然，庿以苗表音。变成由之后，让人莫名其“庙”。庿的异体字是廟。

糴，左边表意，指将米买进。右边表音。翟有两个音，一个读 zhai，另一个读 di。糴的读音取后者。现简化为籴，没有读音部件了。

務，以敄表音，我们注意到，鹜、骛、婺等读音相同，读如务；務以力表意，指致力于某事。现简化为务，读音部件被破坏。霧，简化成雾，也同样如此。

隸，左边表音，右边表意。现简化为隶。隶应该是逮捕之逮的本字，不读 li。

匯，现简化为汇。淮在里面表音，匸本指河流的弯曲之状。没有淮，读音没着落。

準，从氵、隼，以隼表音，现简化为准。从氵，指像水一样平，今有水准仪一词，用其本义。隼变成隹，则无法表音。

謄，现简化为誊。我们都知道，腾、滕等都与誊同音。简化后，极易与拳、卷、豢等混同，让人错以为读 uan 的音。

濁、燭，分别简化成浊、烛。原来它们以蜀表音。现在从虫，表意说不通，更不能表音。

際，以祭表音，现简化为际，则示不能表音。

標，以票表音，现简化为标，则示不能表音。

滅，现简化为灭。简化后，很受人们欢迎。老师教学生，往往会说：“着火了，上面用一块板子压住，火就灭了。这就是灭火的灭。”但也有问题，千万不能让小孩用泡沫塑料板去压火。滅字就不存在这个问题。滅含有氵、戌、火。有氵、火容易理解，有戌就让人费解了。我猜测，氵、戌是由㳚省略而来。㳚指将水迹拭尽，与火放在一起就是灭火。㳚还表音，与蔑、灭同音。

麽，今简化为什么的么。在这里，麻表音，么表意，指细小。么、幺本是一字，读 yao，只是写法有变，本义为细小，也是姓氏用字。四川话中常用到幺，称小姑娘为幺妹，排行最小的也叫老幺；麻将牌中，最小的条牌——一条，也叫幺鸡。麽的本义仍为小。《列子·汤问》“江浦之间生麽虫，其名曰焦螟，群飞而集于蚊睫，弗相触也。”一群焦螟落在蚊子的睫毛上，居然谁也不挨着谁。麽虫，极言此虫微小之至。麽与几字相似的是，几本来表示数量少，引申引作疑问代词，麽也由表微小引申为疑问词，相当于什么。长江流域中下游地区多用麽，如“他是么人?”“你有么事?”这就如西北人单用一个什（或者写作甚）一样。“什么”是综合了南北语言的疑问词。麽这个疑问词到了天津人嘴里读作 ma，但在文艺作品中多被写作嘛。麽、嘛就这样被混用。麽有时也用作语气词，如：“你认为这样好么?”这也进一步为麻在麽、摩、磨等字中表音提供佐证。麽省略了麻之后，么就没有了读 mo 或 ma 的依据。

隨、墮、惰、橢，我们注意到这些字里均含有隋，但现在它们分别简化为随、堕、惰、椭。这些字均以隋（sui）表音。至于橢为什么从隋而读 tuo，可参照绥（sui）与妥（tuo）、睡（shui）与唾（tuo）。隋是朝代名，本义为“裂肉”，即分祭肉。隋字含有“肉月”。隋字去掉“月”，剩下部分的意思是扒掉、毁坏城墙，后来这个意思一般都用隳或堕。髓，也是从隋。以上所举从隋的字，有的省略了“工”，有的省略了“阝”，造成极大混乱，让人不明就里。

亳、豪，上部本应为高，以高表音，如同蒿、镐（周代国都）、鄗一样。亳、豪两字中则省略了高字下面的口。类似的，郑板桥的书法作品里，堂字也省略了其中的口（见图 6-1）。堂从尚表音。

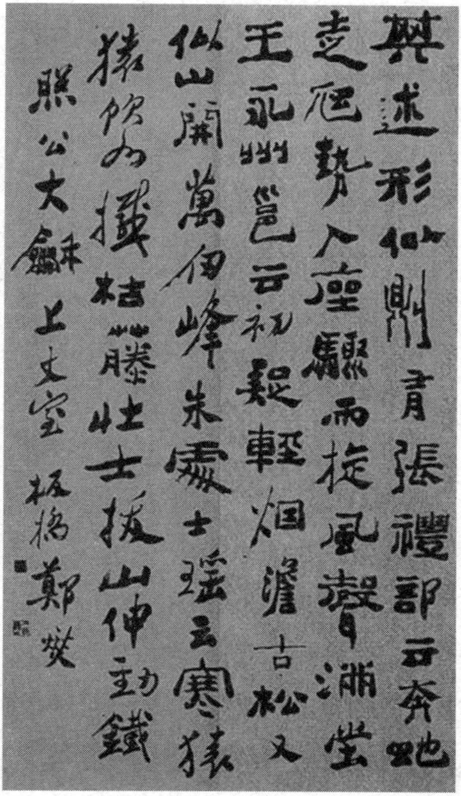

图 6-1　第二行最末一字堂，省略了口。

疏，从疋表音，从流表意。疏字省略了氵。疏本义为疏浚，使水流通畅。这也就罢了。后来又造了个梳字，以疏表音，也有表意成分。

梳，可以有两种理解：一是将头发理顺，不打结，像疏通的水一样流畅。二是梳与篦相比，齿要稀疏。梳与篦都是收拾头发的工具。篦子有去头屑、脏物的功能，齿排列紧密。而梳子只是理顺头发。总之，如果离开疏字，梳的右部就无法理解了。梳字里面就省了个疋（疏的左偏旁），而疋（xu）在疏字里表音。梳的读音、字义方面的信息都有所损失。

犨，现省略为犫。上部本应为雔（简化作雠），在此表音，它们都读 chou。上面光有两个隹，则不知道是什么东西。犨以牛表意，指牛的喘息声，另一说指一种牛。

嵇，它的读音从哪里来？来源于稽。稽的读音又来源于旨。何以见得？稽用于稽首（即叩首）时，读如起，实际上是假借为一个从旨、首的字。显然，它们都以旨表音。而嵇以稽（省略形）表音，以山表意，指的就是山名。它也是姓氏用字，如魏晋时期“竹林七贤”之一的嵇康。顺便说一句，稽的本义是“留止”，来自“禾”与尤。这个“禾”本是木字的上部拐弯，是树木向上生长受阻碍的样子。尤的本义是脱手、失手。这两者会意为脱不了手，留在手里了。

说旨表 qi 的音，还有一个佐证：耆，以老字头表意（与考、耋、耇一样），以旨表音，读如其。耆不能看作从老、日。

有损字义

有个字谜：“一粒豆子滚到山底下。”不难猜到：豈。现简化为岂。实际上，豆作为吃的豆类作物或食品，是较晚的事，是假借过来的，如豌、豇、豉等都是后起的字。豆本是盛酒或祭品的容器。豈字下部的豆由壴（即鼓）省略而来。在“部件错讹”一章已有解释，不再赘述。如果不知道豈的下面是鼓，就不会了解豈、凱有快乐、和乐之义。

尌，在樹（简化为树）、澍字中表音，同样也在廚中表音。但廚现简化为厨，也是将壴简化为“豆”。

殺，左边本是整体象形，在此主要表音。右边的殳，是手持武器的象形，才是主要的表意部件。现在只剩杀，是被流放者的形象。

弒，读音与式相同。本应从殺表意，指杀害长者、尊者，如弒君、弒父。弑省略了殳，就没有表意部件了。

奮、奪，均含有隹——鸟的象形，现在分别简化为奋、夺。奋有奋飞之义，夺的本义是逃脱，离开了这只鸟，字义就无从说起。

僱，现简化为雇。雇的本义是鸟，大概是布谷鸟一类，到季节就催人耕种。雇在僱字里表音，也有较强的表意成分：催人干活。但是，僱的亻是不能省的，省了就成了鸟。

昇、陞，均简化为升。升本是一种容器，用于盛米、量米等。昇、陞均从升表音。昇指太阳升起；陞则指上台阶等，如官老爷开始办案，衙役喊“升堂”，应是这个陞。

繭，现简化为茧。我们都知道，蚕在草蔟上休眠，吐丝结茧，将自己包在里面。繭中的纟，指蚕吐的丝；冂像包裹自身状。茧则损失了一部分表意部件。

婦，会意女子掌内，在家执帚。甲骨文中就有用帚指代女子的。现在简化为妇，这个彐，就不好说是什么东西了。

紮，现在简化成扎。扎本来只能指针扎、扎猛子等，有插入之意。但要想表示用绳或带子扎紧、捆扎、驻扎（源于用绳子等固定好帐篷等），则必须用糸（表丝、绳一类），所以只能用紮。

鬍，简化为胡。胡字从肉月，本指下巴上的肉，大概是双下巴一类。胡，加上表须发的髟，才能指胡须。

產（或写作産），简化为产。这个字是怎么来的？它由彦、生两个字组成，但省略了彡。以彦表音，以生表意。彦和产的读音差异，可参照焰和谄。而彦又是由文、厂、彡三部分组成（从産字上可以看出文字）。而厂又在其中表音。这个厂不是工厂的厂（厂下还应加敞，以敞表音），发彦的音，雁、厌、严等字的读音均来自这个厂。没有了生，还怎么产呢？

齒，下部本来有一个口，还有两排牙（但已变形为四个人字）。上面的止表音。现在简化成齿，口看不见了。

競，上面是言字头，下面是儿，儿就是人的变形。一式两份。这就是两个人争着说话。现在简化成了竞，是一个人在说话，跟谁竞争去？

兒，今简化为儿。兒下面的“儿”与“人”是同一来源。凡人字在字顶为人，如企、介等，在左边则为亻，如他、们等，在字底则为儿，如兄、光、克、見等。上面的“臼”则是小儿头顶顶门囟尚未合上的象形。刚出生的婴儿头顶部可见脉搏跳动，即是顶骨还未长合拢。在小篆里，囟字的上部即为开口，笔者疑“臼”应为囟。

雧，这是树上有三只鸟的象形，因此有聚集之意。现在简化成集。而集这个字早已有之，是一只鸟在树上，意思是停落，而没有集合之意。

售，是由讎（现简化为雠）省略来的。讎的异体字为讐。这个讐，上面省略一个隹，下面的言省略成口，就变为售。雠本有两者相当、对等之义，也指买卖中的钱、物价值相当，或等价的东西、相应的回报。售正是从雠的字义中引申出来的一支字义，指将东西卖出去，以获取相应的回报。一隹、一口则不能表达这个意思。

襲，现简化成袭。在简化之前，已经省略了一个部件——上部本是两条龍（龍也有的写作竜，最后一笔是弯曲的身子，日文中有此写法。中国大陆一般只用龙），而且早期两条龙的身子是相交叉的。加上衣字，会意为衣服的左右襟互掩。因此，袭、掩两字可以互训。只有一条龙，就不知道啥意思了。

倏，从攸、木，攸有长的意思。倏的本义是细长的枝条。现省略成条。省略部件的同时，攵还变成了夂。夂是脚的象形。条就让人不知所以了。

釐，这字如果去掉里，可以与不少部件组成新的字，如：氂、斄、犛、嫠等。釐，以里表音，其余部件表意。这个“其余部件”也是部件错舛的结果。据康殷考证，它是一手持麦秸，一手敲打其上的麦粒的象形。大概是在对小麦大规模脱粒后，清理麦秸上剩余的麦粒。釐似有纠错补漏之义。现简化为厘，常用于厘清、厘定，作动词。毫厘的厘则是假借了氂。这是牦牛的毛，用来指很细小。

反过来，氂、斄、犛、嫠等字以釐的省略形表音，读音与釐相同，并分别以毛、刀、牛、女表意。这些字也省略了表音的里这个关键部件。

隰，本应从阝、濕（简化为湿），指低湿的地方。左阝是阶梯的象形，既可以指登高，也可以指下到低处。这里是指低处。濕这个字是不能去掉氵的。右边有日、有丝，只有含水的湿丝才拿到太阳底下晒。顯（简化为显）的左部与之相同——只有把丝放在太阳底下才看得清。显就是看得清。

屬，从尾（屬中间的氺是毛的变体，犀字也如此）、蜀，今简化为属。屬显然以蜀表音。尾在这里表意。第一章图解中即说到，毛即尾巴的形状，尸是屈身的人形。人是没有尾巴的，这个尾巴是连缀上去的。这可能源于一种习俗，《说文解字》称“西南夷皆然。”屬字中的尾在此突出的是连缀之义。属一般都指两个事物之间的连缀关系。现做属，似乎是以禹表音，比较勉强，更严重的是无法表意了。

还有些字不是省略了整个部件，而是省略了部件的一部分。

新，是薪的原字，指伐木为柴。新本来从辛表音，从斤、木，表意，指砍柴。斤是斧头。这里的“立”是辛的省略形。

毅，左边本应从辛、豕，就是用刀杀猪。左上角也是辛的省略。

喬，简化为乔，本从夭、高，为会意字。这里省略了高字的亠。夭本是人的脑袋偏向一边，有弯曲之义。因此喬会意为“高而上曲”。高大的树木，其梢必有所弯曲，因此称为喬木。

啬（嗇），上面本是来（來），来的原义就是麦（繁体为麥，上面即是來）；下面是禀字头的省略，而不是回，它是粮仓的象形。啬就是收麦子入仓。相应地，稼穑连用，稼指耕种，穑指收获。

庚本是一个整体象形字，应当是钟一类乐器的象形。康、唐、庸均从庚，主要表意。在这些字里，庚有部分省略。

孫，现简化为孙，将右边的系省略了一部分。孫是在“子”上系了一根绳，“系”下面的“小”是散开的绳头状。简化为孙以后，只见绳头不见绳。

还有，行本是十字路口的整体象形，变成彳，就是省略的结果，只不过省略较早，在大篆时代即可见只有彳，而无亍的现象。从彳的字往往都与道路或行走有关。

袁、鬟、缳、寰等字，本来都有一个衣字，但都省略了衣字中的亠。

极少数情况下有妄加部件的

与省略部件相反，还有后人妄加部件的，只不过这种情形极少。兹举两例。

懿，现在看起来，由壹、恣两个字组成。实际上，它由壹、欠、心组成。壹也就是壶，用来装酒等。欠是人饮酒之状，饮、歠（指喝粥等）都从欠，就是佐证。一般字典对懿的释义都是“美”，用来形容德行好，大概来源于饮酒饮得欢畅、心里美滋滋的。可能是后来有人想当然，认为左边是个恣，凭添了冫。更有人将此字附会为“壹次心”。在皖南著名的棠樾牌坊群旁边，有一个祠堂，是表彰贞妇烈女的。里面有块匾，题为“清懿堂（见图 6-2)。导游解释这个懿字为“壹次心”，以旌表贞女们从一而终，没有二心的操守。这都是妄添笔划引发的谈资。图 6-3、图 6-4 中的懿即没有冫。

图 6-2　清懿堂匾额

图 6-3　“魏故营州刺史懿侯亭”。其中的懿即没有冫。

图 6-4　宋代墓铭。其中的“懿”从壹、欠、心。

寂，本来是宀下面加一个尗，这个尗在此是否有会意功能，不好说，但是有表音作用。我们注意到，戚也含有尗，也是表音的。寂、戚两字的读音明显有关联，在某些方言区，两者读音一样。在后面的“读音流转”一章将讲到，ji 与 qi 是可以互转的。尗一般说来是豆类植物破土而出时的象形，多存在叔字里，大概是有人看到宀下面只有尗，觉得它太寂寞，给它加了个“又”。

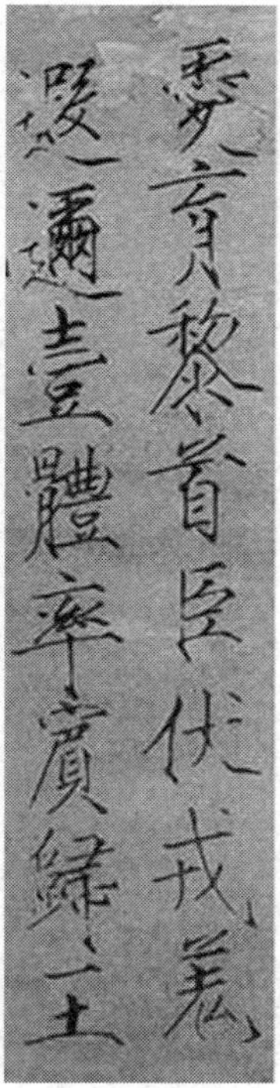

图 6-5　赵佶所书《千字文》的片段：爱育黎首，臣伏戎羌。遐迩一体，率宾归王。

图 6-5 中的羌，写成了羗，多加了一个“厶”。羌指西北部民族，从羊、儿。儿实即人。人在字的底部均作儿。甲骨文中的羌就是头顶羊角的人。羌加厶是受鬼字影响。鬼字中的厶由卷曲的尾巴演变而来。

这正是：

求简去繁非今始，
偷工减料也有师。
如无人识真面目，
缺损信息有谁知？

第七章　结构漫漶

从一位秘书的“诗谏”说起

有一位市领导爱搞政绩工程，醉心于“经营城市”，动辄大拆大建。一声令下，百姓就得大批拆迁，又得不到合理补偿，怨声载道。领导充耳不闻，依然故我。这次又要上一大项目，牵涉大批居民。他的秘书都看不下去了，但又无力阻止以市委、市政府名义作出的决定，很郁闷。

这一天，这位市领导让秘书起草一个文稿。文稿中空了一个字，领导问：“这是什么字，为什么不打出来？”秘书说：“这是念字，可我在电脑中怎么也敲不出来。”“这么简单的字怎么会出不来呢？”“我按上面的令、下面的心来敲，可就是出不来。”“笨蛋！难怪出不来。念字上面是今，不是令。上学时干吗去了？”秘书找来字典：“可您看念字上面不是令吗？”领导气不打一处来；“上面要是令字，下面的心不就少一点吗？”秘书赶紧作检查，并写了一首打油诗：

上面今来下面心，念字从古传到今。

上面若要强出令，伤了下面一片心。

领导看了这首打油诗，若有所悟，决定停止这一项目。

要认字，有一点非常重要，那就是搞清楚字的结构，即它是由哪几个部件组成的，然后再看这几个部件在这个字里分别起什么作用。像上面这位秘书所说的，如果将念字拆出“令”字来，的确“伤了下面一片心”，就将字的结构搞乱了。

其实，类似的事常常发生在我们身边。比如，有人姓章，在自我介绍时，称“立早章”，这是为了区别于“弓长张”。但章字是由“立早”构成的吗？《说文解字》认为是“音十章”，“从音十，十，数之终也”，即乐曲终了为一章。现在看来，这也是附会之说，标准答案似应为“辛曰章”——从金文看，章字里首先含有“辛”，即一种尖刀，而这把尖刀的刀尖从一个圆形物体中穿过，这个圆形物体演变成今天的“曰”。用一把尖刀在一枚圆形物体上雕刻的象形很明显。印章的章就是其本义。另外，以前称当兵的为“丘八”，也属这类情况。实际上，兵字的上部是斤字，斤是兵器；中间的一横与下面的“八”应为一个整体，由双手之形演变而来。

一般说来，汉字的结构是十分清楚的。像本书开头的酒令中所拆的字那样，就如同机器零件，既好拆，又好组装。主要是因为变隶、简化、草书等原因，有些字的结构就像经过千百年风雨侵蚀的碑刻，有些漫漶不清，需要我们仔细辨认。

因变隶导致结构不清

如果向身边人问起“得”的右下角是“于”字加一点，还是“寸”字加一横，你得到的答案可能是各占50%。事实上，正确答案只有一种，那就是得字的右下角是个寸字。

如果问起“禽”字怎么写，你得到的回答八成是“人字头，加一个离开的离。”实际上，禽的上部是今字头，只不过在这里，“今”的末笔被简略为一横。

汉字由篆到隶，除了前述的部件变化——部件分蘖、趋同、错讹之外，还导致不少字的结构不清：该分开的分不开，左右勾搭，上下粘连，不易解析；在不该断开处断开，易使人误解。

一是该分开的地方没分开。

及，本是卩、又两个部件构成，又在卩的右下角。前面说过，卩是人形，又是手。用手从人的后面去够这个人，够着了，就是及；够不上就是不及。力所能及、及格等义都由此引申而来。现在，这两个部件粘连在一起了。

顺便说一句，及与服、报的右部不同。这两个字右部虽然也是由卩、又构成，但又（手）本应在卩的上部，像用手扼制下面的卩，有制服之义。

並，本是两个人并排站立的象形，也就是两个“立”。立字下部的一横是地面，上部本是个“大”，即站立的人。奇也写作竒，可作为佐证。因此，並写作竝，结构就清楚了。並的同音字并，本来是两个站立的“亻”，中间用两横连在一起。因此，并有时也写作幷。

同样，普本应写作普。据《说文解字》，普为“日无色”，但没有找到佐证。作为普遍之普，是假借为溥。《诗经・小雅・北山》中“溥天之下，莫非王土。”后人改为“普天之下，莫非王土。”

兼，本应为一只手持两个禾的象形，可以比照“秉”。注意看，秉字中有一个禾，中部是一只手，它是一手持一禾的象形。兼则是一手持两禾的象形。秉因此有手持之义，兼则突出“干两份活”。经引申，兼自然用于兼职、兼备等。现在，兼字中的两个禾，混在一起，又减省了笔划。

曹，上面本来是两个東。由两个東所组成的字，在甲骨文、金文中都能见到。两个東放在一起，显然有一对的意思。这个意思也带到了曹字里。宋玉《招魂》中有“分曹并进”之语，注释家们均将这个曹解释为一对、一双。引申为类似的人或东西。杜甫的诗“尔曹身与名俱灭，不废江河万古流。”尔曹即你们这一类人。在两个東字下面再加曰，就是曹，《说文解字》释为“狱之两曹”，即打官司的原告、被告双方。打官司要靠说，所以下面加曰。这虽是附会之说，但表明汉时曹确有一对、一双的意思。

堇，从小篆看，由黄、土二字组成，是会意字。据《说文解字》，黄土即颗粒非常细密的黏土。还说艱（简化为艰）的左部也是堇，艱是“土难治”，就是说黏土难以耕作。

重，人们往往将其拆为“千里”。汉朝末年，童谣中将董卓的董拆成“千里草”，即属此例。当代人给重字制字谜也离不开“千里来相会”、“千里姻缘一线牵”等。实际上，重由人、東、土这三个部件从上到下组成，或者只由人、東这两个部件组成。重的三个部件的作用很可能是这样的：用装得满满的袋子(東)来表示重物，背袋子的人不堪重负，将其放在地上(土)。東还负责在重字里表音。这一点我们可以反观董、動（简化为动）两个字，它们都以“重”表音，但与東都读 dong。

垂，本应分为上下两个部件。上面是禾苗的叶子发蔫、向下耷拉的象形，即下垂；下面是土，即地面。合起来就指叶子快要垂到地面了，有临近、快要之义。现在的垂既包含了其上部的下垂之义，又有临近之义，如垂死、功败垂成。

華，或者写作蕐，从小篆看，含有两个关键部件：艹、垂的上部。它们会意为草木繁茂，枝叶或花果下垂。華（华）、花本是一字（见图

7-1)。最下面还有一个丂，据说用来表音。后来分化出华、花两个字，结构倒是比華或者蕐清晰了。

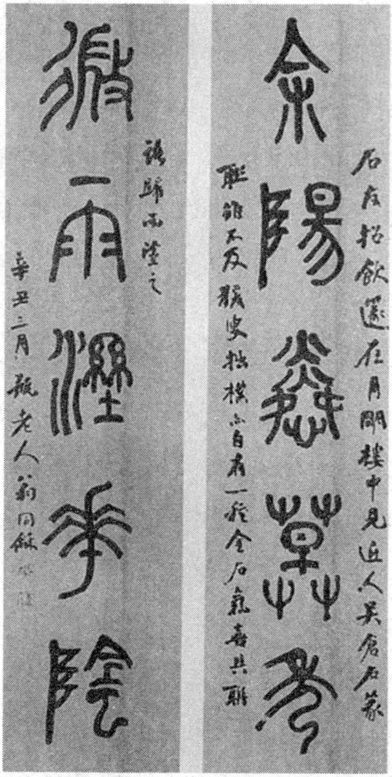

图 7-1　翁同和所书对联：余阳怜草秀，微雨湿花阴。其中的花写成无艹的華。另外，憐（简代为怜）中的“米”，在此联中写成“炎”。据康殷的说法，“米”、“炎”都不对，应该是“大”，周围再加若干点。大与其下的舛，表示人行走慌乱；若干点指所沾磷火。粦是磷的本字。

黑，上部是囱或囪的异体，下部的灬是火的变形，中部本来应是另一个火字。囱是开在屋顶上的天窗。所谓烟囱就是透烟的窗户。黑是天窗下有两束火苗的象形，因烟熏火燎，自然发黑。

熏，下部是黑无疑，上部本是从天窗里逸出的烟气，突出了烟熏。

暴，在小篆中，从上到下，依次为日、出、双手之形、米，这是非常鲜明的会意字：就是把米捧出来放太阳底下晒，也是曝的本字。成语“一日暴，十日寒”用的就是本义。至于用作形容词，如暴雨、凶暴的暴则来自㬥，前三个部件与暴晒之暴一样，实际上是暴的省略形。㬥以暴表音，下部表意，有繁盛之义，用来表示程度之甚。后来，暴晒的暴与暴雨的㬥合而为一。

监，繁体为監。这里有三个部件：臣，即眼睛；人，即人体，与臣是相连的；皿，是盛水的，監字中的一点，在皿字上，即表示皿中的水。监的本义就是人对着水照镜子，是鉴的本字。表示水的这一点现在与人结合在一起，成了半个竹字头。

奏、秦、奉、泰、拳、卷、豢、券、誊、腾、滕等，都含有一个“大”，这个“大”是由双手的形状演变而来。只不过在这些字里，双手所持的东西有所不同。现在，双手与其所持的东西混在一起了。因不明来源，许多人习惯将奏字头拆为“三人”，拳字头拆成丷、夫。奏字有字谜：“二人顶三人。”拳字有字谜：“一夫双眼瞪，出手就打人。”将丷视作瞪着的双眼。

二是不该分开的地方分开了。

得，右边本来为上貝（简化为贝）下寸，是用手持贝的象形。但这个贝讹变成“旦”，而且其末笔与下面的寸粘连在一起。

离，如果去掉上面的亠，它是什么呢？它就与禹、禺极相似。从禹字上可以看出虫、冂。虫即现在的长虫——蛇；冂则由打蛇的工具——树枝一类的东西演变而来；禹字上面的一撇只是强调了蛇扬头的姿势。禹字再现了上古之人在野外与毒虫作斗争的情景。禺字如果去掉冂，也是一条蛇，田形的头则源于它的头宽而扁。禹、禺二字同音，极有可能本来就是一个字。离字的中下部也是打蛇的情景，其中的“凶”实际上是蛇张开大口的象形。下部的“禸”则是打蛇的树枝和蛇尾巴。分出“凶、禸”后，这条蛇的身子就断开了。而禹、禺是未断开的。

离、禹、禺这几个字到了东汉时期，人们也搞不清楚是什么东西了。以至于《说文解字》的作者许慎就将它们拆成上下两部分了，又牵强附会地解释禸（也写作厹，上面的“九”与树枝形状更接近一些）为蹂。

离的早期字义为遭受，大概就是出自蛇的遭打。《诗经·王风·兔爰》“雉离于罗”，就是野鸡遭受网罗之灾。司马迁解释“离骚”：“离骚者，犹离忧也。”即遭遇忧患。

禽，上部为今，只是末笔变成了一横。禽以今表音，如衾、芩都读qin。下部与禹、禺结构相同。禽的本义为制服、捉住，相当于现在的擒，字义也应是出自打蛇。禽后来指羽类动物，其经历与兽字极为相似。兽本义是打猎（兽的繁体为獸，含有犬，犬是打猎的帮手），相当于现在的狩，后来指四足动物。

禼，与离字的结构完全相同，下部与禺字更为接近。一种解释为虫名；另一解释为殷的始祖名，也有典籍称殷的始祖为契，与禼是同音字(xie，第四声)。司马相如《子虚赋》中说：“禹不能名，禼不能计。”将其与大禹并提。基本上可以认定，禼不是虫，而是打虫、制服虫。此字用于人名的还见于杀害岳飞的凶手万俟禼。

侯，本来应为矦，是上下结构的字，被分成左右结构后，就出来一个“亻”。矦可视为从𠂂、矢。进一步可分为𠂊、厂、矢。早期的侯只有厂、矢。矢是箭，“厂”则是张幕画靶之形。侯的本义就是箭靶。后加的𠂊，与勹一样，是屈身的人，大概是负责记录、报告中靶情况的人。有人可能会质疑：“侯不就是古代的诸侯吗？又是亻旁，不正好指人吗?”至于侯为什么从箭靶引申为诸侯，读者可参阅《礼记·射义》。

每年诸侯派的代表向天子进贡时，天子都会召集他们在射宫比试，“射侯者，射为诸侯也。射中则为诸侯，射不中则不得为诸侯。”这些代表的射技直接关系到其主人们的前途。

矦变成侯以后，还多出一个侯的右上角这个怪异的部件，似是独一无二的。有人会说：“快、块等字中不是也有这个部件吗？”其实，夬这个字应该拆为“大”加一横折。“大”是双手之形。夬是双手持一有缺口的器具。

陋，按《说文解字注》，本应从阝、匚、内（内也许是另外一个部件的讹变），前两个部件是无疑的。匚及其里面的部件表示箕一类的容器，与筐、筐一样。而这个字又在陋字里表音。而现在匚被拆开，无法解释那个竖折弯是怎么回事。

因简化导致结构不清

汉字简化带来的不只是部件被省略、以简易部件代替繁杂部件、以简易字代替繁杂的字，还将少数字的结构彻底改变。尤其是将草书的写法吸收到简化字中，本来部件构成非常分明的字变得“浑然一体”。如果不知其来龙去脉，仅从字面上去解析，就无从下手了。

夹，我们能从中看出一个“大”，但两横中的哪一横是属于这个“大”呢？五笔型输入法就弄错了——将它由上至下拆为一、丷、大。事实上，它上部的一横属于“大”。我们看简化前的就一清二楚了：夾，中间的“大”人，两腋下各夹一个小“人”。其会意方式简洁明了。

陕，此字左边与夾非常相近。请注意，这里的“大”两腋下夹的不是人，是物件，是偷盗者的象形，其读音与闪相同。它在陕字中表音。陜现简化为陕。

质，本应为質。所，表音又表意。有成语斤斤计较，不是指买卖时一斤一两地计较。这个意义上有成语锱铢必较。锱铢是很小的计量单位。斤斤是将两把斧子放在一起比照，哪里相同，哪里不同，弄得清清楚楚。質从贝，指对市场严格管理，实行一分钱一分货，同质同价。《周礼》中就有对市场管理实行“大市以质，小市以剂”的说法。剂就是齐。今天，还有对质、质证等词，就是将双方的说法放在一起比对，以分清虚实。质，简化后，上部让人莫名其妙。

散，左部本与潸的右部相同。从二者的字音也可以看出，它们有“血缘”关系。潸字中的“林”与麻字中的一样是麻株的象形。再加夂，就是用工具剥麻，因此有分离之义。再加“肉月”，是指杂碎的肉。散字既有碎肉的散碎之义，又接收了剥麻的分离之义。

僉，现简化为佥。僉，上部是合字头，下面是两个人、两张嘴。它会意为两个人说得一致、异口同声。《尚书·尧典》中有：“佥曰：‘于，鲧哉。’”这是指大家回答尧关于谁能治水的提问时，一齐推举鲧。《三国演义》第八十回中，说众人都劝刘备登基称帝，刘备一再推辞，最后还是称帝了。登基时的祭文中说到：“备惧无德忝帝位，询于庶民，外及遐荒君长，佥曰：……四海不可以无主。”就是说，我刘备怕德行不够，有愧于这个帝位，但问到老百姓，甚至远方的酋长，他们都说我应该当皇帝。佥曰就是都这样说。

奁，本应为匳，是女子梳妆盒，从匚、僉。匚往往是盒子、筐等的象形，如匣、匪（篚）、匡（筐）、匾等都属此类。僉（简化为佥）在其中表音。匳因此与斂（敛）、殮（殓）同音。

腦，其右部就是头的象形，上面的巛由头发演变而来，下面是囟。囟本就是脑袋的形状，不过篆体中，顶部开口，是顶门囟没合上的样子。瑙、惱（简化为恼）、堖（简化为垴）等，均以这个字表音。此字再加“肉月”，就指脑髓，如肝脑涂地。脑袋可理解为“装脑髓的袋子”。腦简化为脑，就看不清哪儿是头发、哪儿是脑袋了。

丐，本应写作匃，或者匄，是勹里面有个亡字。这个亡在此前写作亾。匃在曷以及从曷的字（喝、歇、遏等）里还可以见到，并在其中表音。只不过现在很多人不认识这个匃。那么，匃是什么意思呢？关键是要搞清楚亾是什么。笔者认为结合亾的早期字形、作为部件在其他的字里所起的作用来推断，它是一只倾侧的容器（可参照拙作《字理——汉字部件通解》第 554 页）。以此表示容器中空空如也，亾早期有“无”的意思。而勹一般都指弯腰弓背的人。因此，匃就是一人持空碗卑躬乞讨的样子。

丐大概是由匃或匄草书后，再经楷体化而得来。与丐相比，匃或匄结构清晰得多。尽管有人不知道“亾”、“亡”作何解释，但一经解释，字义立显。

东，由東简化而来，又是一个因草书得来的字。東字的表面结构是很清晰的，一般都会将其视为从木、日。有人解释東就是“日在木中”。更有人附会说，东方有树叫扶桑，太阳每天日落后栖息于此，早晨从这里升起。这个“木”就是扶桑，以此指东方。当代学者基本否定了这个说法，一般认为東是一个两头扎紧、中间装满东西的口袋。但是，从拆分部件的角度来说，東还是远远优于东。

蘭，现简化为兰，笔划大幅减少了。但当笔者用字形输入法输入这个字时，被一个问题困扰：该将兰字拆为丷、三呢，还是拆成“前字头”（或叫兹字头）、二呢？如果了解兰字的繁体蘭的人，知道上面有个艹。按一般经验，艹在草书中往往会被写成“前字头”。茲，现在就被写成兹。但是，如果用五笔型输入法来打这个字时，只能拆为丷、三。

而蘭字的结构是很清晰的：艹、闌。而闌则可以进一步拆为门、柬。而柬则可以进一步拆为木、囗、丷。其逻辑结构也是很清楚的：蘭以艹表意，以闌表音；闌以门表意，指门前的栅栏，用来禁卫，以柬表音；柬，《说文解字》释为“分别简之也。”，就是将木简分类捆扎好。

柬，虽然没有被简化，但作为部件还是没有逃脱被简化的命运，如煉、練、揀等分别被简化为炼、练、拣等，似乎只有谏字躲过去了。炼、练、拣等字的右边再也看不到中心部件“木”了。

昜，在揚、楊、場、暢等字中可见。它们现在简化为扬、杨、场、畅等。昜，由日、丂、彡这三个部件组成，大概会意为在阳光下吐出闷气。但人们极易把昜拆为日、一、勿，甚至将它与“易”混淆。有人在回答“贵姓?”时，说：“木易楊。”楊简化为杨时，结构进一步模糊。好歹在昜字里还能看出日、丂、彡的影子。

養，从羊、食，羊字的末笔与食字的首笔是连笔，但还能大致看出羊、食来。以羊表音，以食表意。现简化为养，不但将表意的食字“简”掉了，上面的“羊”也没法交代了。

晉，演变至此，结构已经漫漶不清了。从小篆中可以看出，它的上部为臸，下部为日。以臸表音，以日表意，指太阳升起。因此有晉升一词。晉现简化为晋，结构进一步模糊。

有诗道“结构漫漶”曰：

韩愈作诗歌石鼓，哀其铭刻不清楚。
皆因几代弃野郊，更历千年侵风雨。
汉字漫漶也如斯，时川冲刷难复古。
可怜今又遭錾磨，简化堪称动刀斧。

第八章　久借不还

典籍中，常有假借现象。比如说“颜回蚤死”，指他死得早，这就是假借蚤为早。有人说，这不好理解，蚤的笔划比早复杂，古人为什么借一个复杂的字来代替简单的字呢？反过来才合理。这是不了解早的早期写法的缘故。金文中，早是由日、棗（现简化为枣）组成，显然，以棗表音。也许有会意成分：日上枣树即为早。

说白了，假借就是古人写别字，因提笔忘字或因对字义理解上的错误，用同音字代替正字（见图 8-1）。这种事很多，像《论语》这样的经典也免不了。它的第一章《学而》不到 500 字，就有五处假借。这五处分别是：“学而时习之，不亦说乎？”借说为悦；“其为人也孝弟，而好犯上者，鲜矣。”“巧言令色，鲜矣仁。”这两处的鲜都是被借用为尟，意思为“少”；“温良恭俭让”中的让本应为攘，即推让；“信近于义，言可复（繁体版本作復）也。”这里的复被解释为“践行”，这是借复为履。如果放在当代，不到 500 字的作文出现五处别字，老师肯定会批上“别字连篇”的。

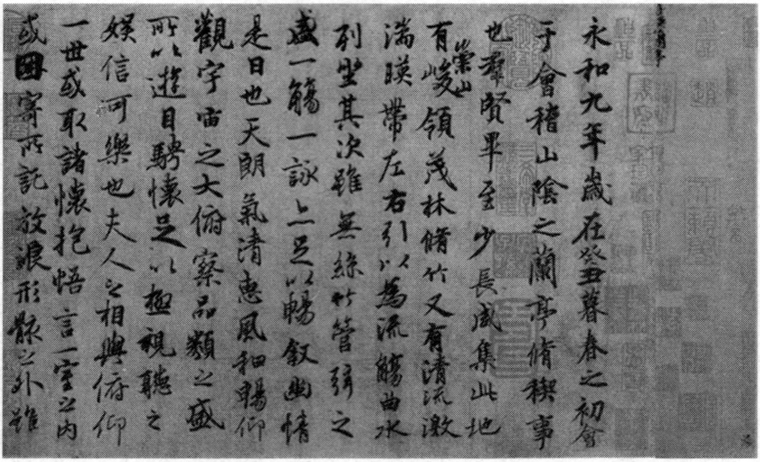

图 8-1

更为糟糕的是，“久借不还”。即使是典籍，偶尔出现错别字，无碍大局。大家借助注释或是通过对上下文的通读，能正确识别。但错别字被当作正字长期沿袭下来，正字反而被打入冷宫，这就贻误后人了。这一章专门介绍使用频率非常高、大家都习以为常的假借字。

假借的特例：三角债

三角债，或叫连环债，不光现实生活中有，汉字中也有几个案例。

例一，借竭为渴，又借渴为潋。

竭，从立旁。立即人立于地上之形。《说文解字》释竭为“负举”。用手举叫揭，如“斩木为兵，揭竿为旗。”用全身负重叫竭。赑屃所驮石碑（俗称王八驮石碑）叫碣。《礼记 · 礼运》“五行之动，迭相竭也。”五行相生，木生火，火生土，土生金，金生水，犹如木背着火，火背着土，土背着金，金背着水。

后来，竭多指尽、绝，如竭尽全力、竭泽而渔，是被借用作渴。而渴从氵，本义相当于涸，即水干了。而表示口渴、想喝水的字本为瀏。从渴，指体内缺水；从欠，欠是人呼吸或饮食的象形。因此瀏指想喝水。

例二，借優（简化为优）为憂，又借憂为惪。

優（优），从人旁，本指优伶，即演戏者，或以滑稽、才艺取悦于人者。《国语·晋语一》“公之优曰施，通于骊姬。”即晋献公身边的一个优伶名叫施，与骊姬私通。《史记·滑稽列传》“优孟，故楚之乐人也。”“优旃者，秦倡，侏儒也。善为笑言，然合于大道。”优孟、优旃，即名为孟、旃的艺人。当今有一著名演员，叫葛优，倒是名实相符。但优现多用于优秀、行有余力，在这个意思上应该用憂。

憂，下面有个夂。这个夂是脚的象形，本指行走时不慌不忙、从容不迫的样子。但今天都写作優（优）。今有成语优哉游哉，即指悠闲自得貌，也作优游。优柔则指宽舒从容之态，也指犹豫不决的样子。优引申出行有余力之义。《论语·宪问》“孟公绰为赵、魏老则优，不可以为滕、薛大夫。”即是说，孟公绰其人做赵氏、魏氏的家臣，才能有富余，做滕、薛两国的大夫则不行。“学而优则仕”是指学而有余力就可以出去做官。进一步引申为充足、富裕。《荀子·王制》“故鱼鳖优而百姓有余用也。”今有优裕、优厚、优渥等词。优由行有余力又引申为才能出众，即优良。

但我们都知道，憂（简化为忧）一般只见于忧虑、忧愁等。实际上，这个字义将憂去掉夂，即可胜任。这个字上面是頁（简化为页，是突出头部的人形），下部是心。战国时期青铜器铭文常有此字，不知为什么后来废弃不用，就用憂代替了它。

例三，借偭为偶，又借偶为耦。

偶，本是由木头、陶土等做成的人像，今有木偶、偶像等词。在使用偶的同时，又借俑为偶，这是由于俑曾与偶读音相近。有人会提出质疑，这两者读音完全不同。但是看看俑、喁、颙都读 yong，可以推测至少在某些地区偶也曾读如 yong。今有兵马俑一词，俑即人像。孔子看不得用人像殉葬，痛斥道:“始作俑者，其无后乎!”但俑的本义相当于痛，指人体有病。而偶，今天用于偶数、配偶等，指成双，又是借偶为耦。耦是两齿农具，后又指用两人或者两条牛一起拉犁，即耦耕。后泛指成双成对。物理学中有耦合一词。

因假借而失其本义

让，繁体为讓，从襄表音，从言表意，本指责备。《礼记·射义》“数与于祭而君有庆，数不与于祭而君有让。”即多次参与祭祀活动，天子有嘉奖；多次都不参与祭祀，天子就责备。让的这个字义今天基本不用。让今天多作推让解。这个字义来自攘。

攘，《说文解字》释为“推也”。引申为排斥、驱赶，《庄子·胠箧》中有“攘弃仁义”。抗战期间，有一个说法“攘外必先安内。”攘外即驱赶外来敌寇。古人讲究礼仪、客套，将好的位置、好的东西先推给别人，也叫攘。《汉书·礼乐志》中有“盛揖攘之容”。揖攘后来多作揖讓(让)，即作揖、推让。在这个意义上，让又演变为请，如“让他进来”。

普，前面讲过，下面有日，本指“日无色”。作为普遍之普，是借用为溥。溥，含氵，本指水广大的样子。普天之下，原为溥天之下。

闲，本是门前的木栅栏，起防护、禁卫作用。引申为防止。典籍中，可见防闲二字常连用。《毛诗·齐风·敝笱》“齐人恶鲁桓公微弱，不能防闲文姜，使至淫乱。”文姜是鲁桓公的夫人，鲁桓公管不住她。

《义侠记》第五出中，潘金莲说，武大郎每天对她“防闲得紧”。作为空闲的闲，是借用为间或閒。间或閒是会意字，象日光或月光从门里透过来，指门有空隙。引申为工作、劳动的间隙，即空闲。

默，从犬，指“犬逐人也”，也就是狗追着人咬。现指不说话、沉默，那是借用为嘿。这两个字都以黑表音。墨字也是如此。它们同音。嘿，从口，指不说话。典籍中可见“嘿然”字样。今天，此字多作象声词，如嘿嘿一笑，与黑同音。

钱，本指锄头一类的农具。《诗经·周颂·臣工》“命我农人，庤乃钱鎛，奄观铚艾。”大意是让农人把耕种除草的工具收起来，准备收割。这里的钱、鎛都是锄头，铚是镰刀，艾就是刈。后来，钱指货币，那是借用为泉。泉在许多地区读如钱。

泉本指泉水，引申为源源而出的货币。据《周礼》，周代设有“泉府”这种机构，掌管、发行货币，具有调剂市场价格、物资余缺的功能。周代货币还有另外一种称呼：布。二者区别是，在外流通的叫布，存于府库的叫泉。汉代有一种铜钱仍叫“貨泉”，时人拆其字，称之为“白水眞人”。

豆，本是盛放食品的器具的象形，也常用于盛放祭品。卫灵公向孔子询问摆兵布阵的事。孔子回答：“俎豆之事尝闻之，军旅之事未尝学也。”就是说祭祀之类的事我还知道一些，打仗的事我没学过。豆后来指粮食作物，那是借用为尗。

尗是象形字，就是豆类作物发芽的象形。豆类与其他植物不同。一般植物发芽，种子留在土里，芽尖拱出地面。豆类发芽后，先长出根须，根须扎在土里，却将种子拱出地面。尗字中间的一横就是地面，上面是被顶出地面的豆瓣，下面是根须。一定是豆与尗曾经同音，才会借豆为尗。以叔表音，也就是以尗表音的督字，与豆的读音相近，就是佐证。

凡是早期从豆的字，其中的豆都是指食器。如：登，指持豆以进献。豋，就是一种盛肉食的器皿。另一说，木豆叫豆，竹豆叫笾，瓦豆叫豋。豐（简化为丰）就是用豆盛祭品的象形。凡是从豆、以表示豆类作物、食品的字，如豇、豌、豉等，都是后造的字，成书于东汉的《说文解字》均未收录。

匪，与匡、匾、匣等一样，均从匚，指器具。匚就是器具的象形。匪是篚的本字，就是竹筐。现在借匪为非，如受益匪浅。至于土匪之匪，犹如说非人、非其类也。

杜，从木，本指树名，即棠梨。《齐民要术·种梨》“杜树大者插五枝，小者或三或二。”现在常见的杜绝、杜撰，均是借用为堵。李斯《谏逐客书》“强公室，杜私门。”魏征《十渐终不克疏》“意在杜谏者之口。”《国语·晋语一》“谗言益起，狐突（人名）杜门不出。”杜绝即堵绝；防微杜渐就是要杜绝隐患于刚刚露头、尚处于渐变阶段；杜撰就是杜门撰写、闭门编造。

验，据《说文解字》，是马名，不过在典籍中很少看到这种马。今天常用的验的字义源于同音字谶。谶现读 chen，是读音发生了变化。验、谶应该曾有过共同的读音 qian，可参照相关同音字佥、签、籖。

谶就是预言或带有预言性质的语言文字。预言与后来的事实相符，就是应验。应验之义完全可由谶字引申出来。但人们借用验来承担这个字义。谶即止步于预言。

页，由頁简化而来。我们注意到頁与首有一个共同的部件，这就是头部。頁是突出头部的人形，其下部由人的躯体演变而来。因此，含有页的字一般与头部相关，如额、颀、颈、颧等。现作为书页之页，是借用为树叶的叶。东汉蔡伦发明纸张，纸张轻薄如树叶，一张就是一叶。

后来，借同音字页来替代叶。

颁，从页，显然与头部有关。分，则起表音作用，可以参照扮。《说文解字》释为“大头”。《诗经·小雅·鱼藻》有“鱼在在藻，有颁其首。”，就是说：鱼在藻中游，是个大胖头。此字还有一个解释是“鬓发”。因孟子有句话叫“颁白者不负戴于道路也。”就是说，两鬓发白的人（即老人）不用再当脚夫了。应该说，这两种解释都紧扣了页字，也都有文献依据。

那么，现在颁为什么用于颁发、颁布呢？这是借用为同音字班或攽。在“部件省略”一章曾讲过，班就有分的意思。攽，右边的攵是手持工具之形。我们不妨把攽理解为用手拿勺给大家分食物。颁发、颁布就是将奖品、号令等分发到各人、各地。这种借用很早，《周礼》中就有了。其中的分，很容易让人想到起表意作用。这也可能是人们长期借用的原因。

球，与很多含斜玉旁的字一样，本来指一种玉。《礼记·玉藻》“笏，天子以球玉，诸侯以象。”指天子所用之笏是用球玉制成，诸侯所用之笏是用象牙制成。今天常见的足球、乒乓球，本来应该写成毬，因为古代这种毬外面用革缝制，里面用毛填充。因此，鞠也指毬。《水浒传》说，有位姓高、排行第二的破落户子弟，因踢得一脚好毬，人称高毬。“后来发迹，便将那毬字去了毛旁，添作立人，便改作姓高名俅。”某些方言中，用毬来指雄性生殖器。后来，用球替代毬。

微，从彳，表意。前面说过彳是行字的省略，从彳的字往往与道路或行走有关。在这里指偷偷地走、开溜。《左传·哀公十六年》说白胜作乱失败，上吊自杀，“其徒微之”。就是白胜的下属偷偷地跑了。㣲字则在微字中表音。微的细微之义就来自这个㣲。㣲的左部本与長相似，突出的是人的毛发，右部的攵是手持工具之形。此字会意为除去毛发。

从中引申出两支字义：一是除去，如《岳阳楼记》中“微斯人，吾谁与归？”即除了这种人，还能与谁志同道合？二是像毛发一样细微。

冼，以先表音，本与洗同音。实际上，冼与洗本是一字。后来因不同的分工，字形上去掉一点，以示区别，读音也分道扬镳。冼只做姓氏。

古人在洗浴方面造了不同的字：沐是洗头，浴是洗身子，盥是洗手，洗的本义是洗脚。现在，洗泛指洗浴、洗涤，是不是引申、延伸使用的结果呢？应该不是。理由有二：一是表示洗手的盥或洗身子的浴似乎更有代表性，日常生活中洗手的次数显然更多，浴所洗的部位更多。如果泛指，用盥或浴更合适。二是指洗涤的字本有洒、涤二字。洒以西表音，与现在的洗同音。《孟子·梁惠王上》“比死者壹洒之”，即替死者一洗冤仇。洗应该是洒的假借字。

至于今天的洒读如撒，如洒扫庭除，本应写作灑。相应地，晒应写作曬。

叔，从又，又就是手。叔的本义是拾、捡。《诗经·豳风·七月》有“九月叔苴”，叔苴就是收获苴麻子。现在用来称呼亲属的叔是借用为弟。

先说说弟。弟是弋射之箭，即带有绳子的箭，弟字中的弓形正是绳子缠绕之形。这种绳子有一专有名称：缴（zhuó）。缴的缠绕必须有条不紊、依次第排列，否则，绳子容易纠结，打不开。故弟有排序之义。第一第二之第，前身即为弟。孝悌之悌也作弟，即强调先后有序，尊敬兄长。弟作名词，排在兄长之后即为弟。

再说古籍中称叔的往往都是现在所说的弟弟。《左传·隐公元年》“郑武公娶于申，曰武姜，生庄公及共叔段。”共叔段即庄公弟弟段，因其封地在共，故称共叔段。《诗经·郑风·叔于田》“不如叔也，洵美且仁。”中的叔即为共叔段。看来共叔段一表人才，难怪他的母亲喜欢他而不喜欢他哥哥庄公。《孟子》中“嫂溺叔援”的话题，是说在男女授受不亲的礼节下，嫂子落水了，做叔子的该不该救。这里的叔即夫弟。《水浒传》中，潘金莲称夫弟武松为叔叔。潘金莲无子，这里不可能是随孩子称呼。叔又专指兄弟中的行三，即孟仲叔季之叔。称父之弟应用叔父。这就同称父之兄为伯父一样。后来父字被省略，而作叔、伯。大概是叔、弟二字音、义逐渐分化以后，以“叔苴”之叔代替嫂叔之叔(弟)。

借叔为弟，二字一定曾经在某些地区同音。从豆与尗通假，督以叔表音来看，叔的声母也曾为D。

笃，以竹表音，以马表意，《说文解字》释为“马行顿迟也。”即马走路迟缓的样子。这个意思，今天基本上见不到。今天常用义有笃厚、笃实等，如；二人交情甚笃；她笃信佛教等。这是借笃为竺。竺，也以竹表音，因而与竹同音。下面的“二”不是数词，是比拟上下之间的距离，即厚度。因此，笃有厚的意思。

异，上面的巳表音，下面的廾本是双手，表意，与举字义相近。异的本义为举。此字很早就被假借为異。異是一人双手捧面具戴在头上的象形，上面的“田”即来自面具。戴上面具的人看起来自然与人不同，異因此有不同、奇怪之义。我们对戴、翼这两个含有異的字都不陌生。戴以異表意，因为異本身就有戴的意思。翼以異表音。今天，异完全取代異，其本义也不用了。

队，阝为阶梯状。在甲骨文中，队字所从的人，头部冲下。队会意为人从高处掉下来，也是坠的本字。《荀子·天论》“星队木鸣，国人皆恐。”星队木鸣即星星陨落，树木发出叫声。现做队伍的队，是借用为𠂤。此字在甲骨文中已是常见，但对其到底指何物，颇有争议。其中一个说法是指山，象山的横置，有两座山峰。《说文解字》称其为“小阜”，就是小山。《说文解字注》等书则认为此字即堆。由追、歸等字中以其表音来看，认为它是堆的原字，还是可信的。它极有可能是两座小山包或土堆的象形。

作为单字，𠂤在甲骨文中有两个重要的字义，不可忽略：一是指驻地，二是指队伍的分股。《甲骨文字典》中：“甲午卜，夬贞，王宿𠂤……”这里的𠂤即王住宿之地。𠂤当是高燥之处。又“丁酉贞，王作三𠂤左中右。”即把队伍分成左中右三股。

罕，本是带有长柄的捕鸟的网，上部就是网字的变形。现指稀少，如罕见、稀罕等，是借用为尟。尟是会意字，“是少也”，即这东西很少，读如朝鲜之鲜。罕与鲜在某些方言或在某个文字发展时段，读音相同。我们注意到，声母 H 与 X 是可以互转的，如浒与许、曷与歇、衡与行等。

强，本从弘、虫，作強，与虫有关。由于与彊同音，被借用为彊。彊，从弓，本指弓的劲道之大小，即强弱之强。

移，从禾，《说文解字》释为“禾相倚移也。一曰禾名。”说移是禾名，没有找到例证。那么，倚移是什么意思呢？这是一个既双声、又叠韵的连绵词，当有倚靠之义。《晋书·纪瞻传》：“海外移心。”即海外归心。这里的移有靠过来的意思。今天常用的迁移之义，应当用迻。移虽然也是表动态的字，但不是从甲地挪到乙地。而迻有迁徙之义。

爱，繁体为愛，下面的夂就是脚。它的本义是“行貌”，即走路的样子。《诗经·邶风·静女》：“爱而不见，搔首踟蹰。”是说男女约会时不见对方到来，焦躁不安，来回走动。心愛的愛，不用下面的夂。其实，愛字的上部也已发生讹变。上部应为旡。上旡下心，即为心爱的爱。以旡表音，以心表意。笔者推测：旡是嗳的本字，即打饱嗝。既字从先，本义就是吃完了。

刷，如果右部的刂换成又，正好表示涂抹、擦拭之义。因为尸是屈体的人形，又是手，再加上巾，一人给自己下体作清洁的形象非常鲜明。现在的刷是以此字表意，并省略了又，再加刂表意，相当于用刀刮。

灵，中间一横应在右边出头，与尹、聿等字的上部一样，是一只手的象形。手可以放在火上，火的温度不太高，此字会意为“小热”。此义基本消失，灵只借用为靈。靈从霝表音，从巫表意。巫是那些号称能预言未来、可与鬼魂打交道的人。《左传·成公十年》记载：桑田巫预言晋景公吃不上当年的新麦。六月的一天，新麦登场，景公让人献上来，叫厨师做好，给桑田巫看过之后，就把他杀了。景公正要吃的时候，感觉腹胀，连忙上厕所，没想到掉粪坑里淹死了。此前，桑田巫还准确地说中了景公梦见厉鬼所说的话。我们今天常说的灵验、灵魂等词，均来自这个含有巫的靈。

蒸，以下面的烝表音，以艹表意，指剥完麻以后剩下的麻杆，一般做柴火或照明用。现在常用的蒸汽、蒸腾、蒸蒸日上等，都应该用烝。烝则以丞表音，下面的灬就是火，指热气升腾。丞在里面也可能有会意成分——丞的本义是帮助处在低洼处的人爬上去，也可以说它是拯救的拯的本字。

鬻，上粥下鬲，用鬲煮粥的情景非常分明。现多用于卖，如卖儿鬻女、卖官鬻爵等。这是借用为儥。儥，从亻、賣（简化为卖），还是卖的意思。

虽假借但还保留本义

有些假借字虽然长期被假借，但其本义仍在使用。这样一来，这种字有了两支互不相关的字义：一支是本义，另一支是假借义。

肯，也有的写为肎、或肻，上部本应是骨字头（如真的写成骨字头，就与骨字混淆了），下边的月是肉，本指骨肉相连处，中肯一词用其本义。但现在多用于表愿意，如肯干。实际上，表愿意的，应是憖(现读如银、垠)。憖与肯古音曾相同（参照垠、垦两字的读音。它俩都以艮表音，但垠与憖读音相同，垦与肯读音相同），肯遂被借用为憖。

鲜，本指食物的味道，如鲜美。它有另外一支字义，相当于少，如寡廉鲜耻、鲜见。《论语·学而》“巧言令色，鲜矣仁。”是说巧言令色者，很少有仁义的。这里的鲜就是假借为尟。在这一点上与罕一样。

造，以告表音，从辶表意，指去往某地，如造访。登峰造极，指达到极点。造诣，指达到某种程度。但今天最常见的，造用于制造。这是假借为艁。艁从舟旁，指造船。

雕，从隹，隹是鸟的象形。雕是一种鹰，如“成吉思汗，只识弯弓射大雕。”“射雕英雄传”。雕又用于雕刻，如雕梁画栋，这是借用为彫。彫与雕一样，以周表音。从彡，以象刻画之形。《尚书·五子之歌》“甘酒嗜音，峻宇彫墙。”即沉迷于酒与声乐，住着高大、墙上饰有雕刻绘画的房子，指奢侈。

偶，本指用木头、陶土等制作的人像，如提线木偶。但它又有成双之义，如配偶、无独有偶、偶数等。这是借偶为耦。耦是一种两齿农具，因此有成双之义。《论语·微子》“长沮、桀溺耦而耕。”指这两人相互配合着耕作。《左传·桓公六年》“人各有耦。”这里的耦即相当今天所说的配偶。今天物理学中还保存有“耦合”一词，如两个线圈之间的互感就是耦合。

纳，以内表音，以纟表意，指用线、细绳等缝东西，如纳鞋底。但现多用于缴纳、纳入等，如“开城门，迎闯王。闯王来了不纳粮。”这支字义实际上是由“内”得来。内，从其字形就可以看出，是将一种东西置于另一种东西里面。在小篆中，内字里不是“人”，而是“入”。

绩，以责表音，以纟表意，指将麻纤维搓成线，就是绩麻，如“昼出耘田夜绩麻，村庄儿女各当家。”功绩的绩应当用从责、力的字，想建立功绩，必须出力。成绩的绩自然也是如此。

骗，从马，本指骑马的动作，如：一骗腿，上了马。也可以说：一骗腿，上了自行车。今天多用来指说假话、骗人。这是借用为谝。说假话，应该用讠旁的谝。

优，前面说过，本指演员、滑稽者。又用于优哉游哉、学而优则仕等，是借用为憂。

疾，从病字头，指疾病。早期文字里，疾字没有病字头，是一支箭射在人身上的象形。矢即这支箭。疾最初应指箭伤，后来泛指疾病。疾又指快、迅速，如疾风知劲草，当是借用为捷。

等，竹字头，作书用的竹简长短要等齐，因此有相等、同等之义，等级之义则是引申来的。作为等待的等则与本义无关，实际上它就是假借为待。等的上古音与待韵母相同，《广韵》为等注音：多海切，多海两个字合起来读，读音同歹。

第，竹字头，下面是弟的省略。显然以弟表音。竹也是建筑材料，第有门第、府第之义。用于第一、第二的第，本应为弟。从兄弟之弟引申出排行、排序之义，是很好理解的。明清之际出版的小说中，仍用弟一回、弟二回。第假借为弟是很晚的事。

维，从纟，指绳索，或用绳索系住，如维系、维持。惟，竖心旁，指心理活动。思维应为思惟。

诛，以讠表意，指声讨，如口诛笔伐。声讨是不会要人命的。但我们常见诛杀、天诛地灭，这里的诛都是要命的。原来这是借诛用作一个从朱、戈的字。戈是兵器，而朱有断开的意思。如：殊就是身首异处；株是砍伐后的树桩；侏即侏儒，有“半截子”之义。这个从朱、从戈的字，还不是一般的要命，有让人身首异处之义。

梅，现既指梅花，又指结酸果的梅子，《说文解字》还释梅为楠。这是几种完全不同的树，为什么会这么混乱呢？其中，结酸果的树本应为某。某上面是甘。甘字本是口中含有一物的象形，而口又是两个嘴角上翘的象形。甘因此会意为口里的东西甘甜或发酸。如果口中的东西是苦的，两上嘴角肯定是往下撇的。某会意为长酸果的树，其读音也曾与梅相同。我们注意到，从某的字，如煤、媒等都与梅同音。或是由于古人不明就里，或是由于在挪用某为不确定代词后，假借梅为某。借梅为某是很早的事了。《诗经·召南·摽有梅》即有“摽有梅，其实七兮。”之句。

翼，本是翅膀，因为羽的本义就是翅膀。小心翼翼的翼本应为翊。翊，从立、羽，是指小鸟刚从壳中出来，站立未稳，需要靠双翅维持平衡的样子。翊在典籍中有辅佐之义，即源于靠双翅帮助站立。翊也有很小心地维持平衡的意思。小心翼翼本应为小心翊翊。

翌，与翊互为异体字，音、义本来都一样。我们经常可从典籍中看到翌日、翌年等字样，这是借翌为昱。昱，从日，义为明。昱日、昱年，即明天、明年。

匾，从匚，本是一种用竹篾编成的器具，边框较浅。此义仍在使用。现常见牌匾、匾额等词，是借匾为扁。扁，从户、冊（册的异体），《说文解字》释扁为“署门户之文也。”户即门户，册是书简的象形，这里指代写有文字的东西。扁的初义就是牌匾。这种牌匾要么是出于户籍管理的需要，由官府统一制作，要么是主人标榜自己的身份或情趣而制作。今天的扁平之义是由其形状引申而来。

督，从目，指监视，常用于监督、督促等。但在金庸等人写的武侠小说里，可经常看到用武功打通经脉的字样，其中会提到任、督二脉。这里的督应该写作裻。裻是衣服背部的中缝。人体督脉的位置也正好处于背脊这条线。所以，本叫裻脉。这里是借督为裻。有一位经常在电视上作讲座的中医女专家在讲督脉时，说督有统领的意思，显然是牵强附会之说。督是用眼睛盯着，哪来统领之义？

淋，常用于淋雨、淋水等，但用于淋病一词时，是借用为痳，有病字头才对。痳病是一种性病，致使尿道发炎、化脓。有人认为因其症状是排尿不畅，用“淋”字也通。但用淋代替痳，有一个很重要的原因是“痳”与“痲”字形太接近，改用淋，可以避免字形“撞车”。痲读音与麻相同，它是病字头与麻结合在一起的字，以麻表音。顺便说一句，麻字下面不是“林”，而是两支麻杆的象形。痲字常用于痲痹、痲风等病名，但现在往往写成麻痹、麻风等。

怀，是懷的简化。今有两支字义：一是怀念，二是怀抱。怀从竖心旁，作想念讲，顺理成章。但其怀抱之义（如屈原怀石沉江），那是借用为褱。褱字上下组成衣字，中间的眔是小动物的象形。眔的上面是眼睛，下面是尾巴。动物的眼睛与尾巴相连，极言其小。褱就是在衣服里藏有小动物，会意为怀揣。懷字从褱，既以褱表音，也有表意成分，就如在心里揣着某人或某事。

披，以皮表音，兼表意。因为皮的本义是将皮揭下来。《史记·刺客列传》中说，聂政在行刺成功以后，“因自皮面、决眼”，就是将自己的脸皮揭下来、眼珠抠出来，目的是不让人认出来，以免连累家人。披承皮的本义，因此有打开、分开之义，如披露、披靡、披览群书、披肝沥胆等。有人将披荆斩棘这个成语想当然写作“劈荆斩棘”，就是因为不了解披有分开之义的缘故。

那么，披衣的披是怎么来的呢？笔者认为这是借披为被。被也以皮表音兼表意，但用的是其表皮之义，因此有覆盖、覆盖物之义，做动词即相当于披衣的披，做名词如被子。《论语·宪问》："微管仲，吾其被发左衽矣。"这里的"被发"即披发。成语"泽被后世"的被也由此引申。较早借披为被的，见于曹丕《杂诗》"展转不能寐，披衣起彷徨。"

赘，我们知道从贝的字往往与经济活动有关。赘的本义是将财物放他人处作抵押。男方家贫，结婚后住到女方家里，叫入赘，这是比喻，是从本义引申出来的。但累赘之赘应作缀。缀是用线、绳等将东西连在一起。因此，累缀有受连累、牵连之义。赘肉、赘疣等词也由累赘而来。

索，就是绳索。今天常用的词搜索、索然无味、兴味索然等，与绳索无关，应该用宀下面加索这个字。宀是房子，此字有抄家之义，因此它有搜索之义，又引申出家室一空、空空如也之义。

糠，将稻谷碾成米时，谷皮脱落、粉碎之后就是糠。它一般用来做饲料。糠的另一支字义指发空，如糠心萝卜。身体虚，也叫身子糠了。实际上，这一支字义应为穅。穅也就是秕谷，即稻谷有壳无实。因此它引申出空心之义。这两个字唯一的联系就是都与稻谷的壳有关。

津，现存的就有两支字义：一是渡口，如天津的津；二是体液，如口中生津、津津有味。津字右边的聿来自手持船篙的象形。最早还有个舟字。撑船之义很明了。后来引申出渡人过河的地方。《论语·微子》中孔子"使子路问津焉。"就是让子路打听渡口在什么地方。

指液体的津，应当作濜。只是此字较早就被津字替代了。

这正是：

将错就错，以讹传讹。

古人如此，今世奈何？

附：常见假借字一览表（前为借字，后为本字）

假借“三角债”

竭——渴，渴——氵欿；优（優）——憂，憂——惪；

偏——偶，偶——耦；

因假借而失其本义的字

让——攘；普——溥；闲——间、閒；

默——嘿；钱——泉；豆——尗；

匪——非；杜——堵；验——谶；

页——叶；颁——班；球——毬；微——敚；

洗——洒；叔——弟；笃——竺；异——異；队——自；

罕——尟；强——彊；灵——靈；蒸——烝；鬻——儥

虽假借但保留本义的字

鲜——尟；造——艁；雕——彫；偶——耦；纳——内；

绩——责力；骗——谝；优——憂；肯——肻；疾——急；

等——待；第——弟；维——惟；诛——栽；梅——某；

翼——翊；翌——昱；匾——扁；督——裻；淋——痳；

懷——褱；披——被；赘——缀；索——宀、索；

糠——穅；津——澅

第九章　一笔之辨

从前，有个县老爷认字不多，还经常读错。一天，升堂审案，一位叫冉佳俊的原告递上状子。老爷看过状纸，就喊他的名字，想让他上前。没想到老爷将冉佳俊错念为“再往後（简化为后）”。老爷每喊一声，原告都往后退几步，直退到大堂门口。老爷还纳闷，喊你是想让你上前，怎么老往后退呀。终了，老爷才知道自己读错了，还埋怨对方怎么起了这么个名字。

这个笑话也反映出有些汉字字形相近，笔划相差不多，容易弄混。还有人利用这种情况做文章、做手脚。据说，从前有人状告入室抢劫，状纸上写着被告“从大门而进，从大门而出。”。师爷接受被告贿赂，在状纸上加了两点，变成“从犬门而进，从犬门而出。”从大门进出是明火执仗地抢劫，由犬门——狗洞里进出，只能算是偷盗，罪行就轻多了。清朝雍正皇帝是如何继位的？有一种流传很广的说法，那就是雍正篡改了康熙的遗嘱。遗嘱原本写着“传位十四皇子胤禛”，却被后来成为雍正皇帝的四皇子胤禛篡改为“传位于四皇子胤禛”。略微添了一点点笔划，作为老四的胤禛就这样抢了本属于其十四弟的皇位。古时，在写契约、立字据时，一二三四五六七八九十分别写作壹贰叁肆伍陆柒捌玖拾，正是考虑到前者易被篡改，如将二改成三，将十改成千等。

所以说，我们写字、认字，一笔也不能差，否则，轻者闹笑话，重者江山易主。这一章，专门比较只差一笔的字或部件。

只差一笔的字或部件又可分为两种情况：一种是来源相关（见图 9-1），另一种是来源毫不相关。

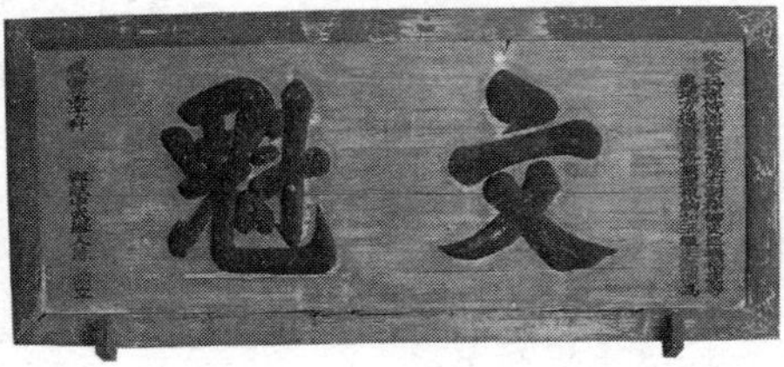

图 9-1　魁字少一撇，没有歧义。

只差一笔、来源密切相关的部件和字

据东汉许慎的说法："周礼，八岁入小学，保氏教国子，先以六书。"六书之一是"指事"。属于指事的字往往都是在某个部件上加一笔。如：本，就是在木字下部加一笔，指树根。本的原义就是根。末是在木字上部加一笔，原义为树梢。刀字加一点，指明刀口所在，就是刃。刀字中部加一横，就是刅（本来应为一横，现变成两点），也就是创伤的创。它像刀扎进了肉里。口字上面加一横，象口中说出来的话，这就是曰（小篆中看得很清楚，现在几乎看不出来）。口字里面加一笔，象嘴里含有东西，再加上口字原来就是两个嘴角上翘的样子，就是甘。下面具体举例说明。

大与太、天、夫、夭、夨

能造出最多的指事字的，恐怕要数"大"。天、夭、夫、太、夨，都源于“大”。

太，早期与大本是一字。《史记·陈涉世家》中，陈涉太息曰：“嗟乎，燕雀安知鸿鹄之志哉!”太息，即大声叹气。后引申出对长辈的尊称，如周太王、姜太公，以至于后来的太后、太爷等。进一步引申为极端，称极远的古代为太古等。再引申出过分的意思，这是今天最常用的。因为从大字中分蘖出这样一支字义来，后人为此专造出太字，以区分于大字。但有些古籍里太、大仍通用，如将开辟周朝疆土的周太王写作周大王等。

天，有两个解释，一是“人头上是天”，上面一横象天；二是“天即颠”，颠的本义是头顶，上面一横指人的头顶。不管如何，下面的大是人形，这是无疑的。

夫，指成年男人。古时未成年人不束发，任其下垂。《桃花源记》“黄发垂髫，并怡然自乐”中的垂髫，即指儿童。而成年人束发，别之以簪。别簪不是女人的专利。杜甫有诗“白头搔更短，浑欲不胜簪”。夫字上部一横象簪子之形。这里所举的例子虽然比夫字的出现要晚得多，但仍可见其端倪。

夭，象人低头或偏头状。《诗经·周南·桃夭》“桃之夭夭，灼灼其华”。“夭夭”即拟人手法，枝条下垂如人之低头。后有夭折一词，夭与折意思相近。笑，从竹从夭，是说风来竹弯，象人笑弯了腰的姿态。妖，从女从夭，本指女子美好的姿态。司马相如《上林赋》中“妖冶郁郁”指艳丽。至于后来用于妖精、妖怪等，与将“红颜”称作“祸水”如出一辙。

夨，此字见于吴。我们常说姓吴的吴为口天吴。其实，这里不应该是天字，而应该为夨。夨是一人脑袋偏侧的形状。以致有人认为整个吴字就像一人肩上扛物，侧着脑袋的样子。比较有理据的说法，吴是一个人扬着脑袋大声说话。《诗经·周颂·丝衣》“不吴不敖，胡考之休。”这里的吴一般解释为喧哗。

戈与戊、戌、戉

戊、戌、戉、戈，这几个字有些相似，相互间笔划也只相差一笔。它们的确有共同之处：都是杀伐工具，而且都是长柄工具。中国古代杀伐工具的种类很多，包括兵器、刑具等。

戈，长柄兵器。戈头有一个两面带刃的援，援形略如匕首，与柄几乎垂直。柄的手持端有镦头，镦头设计成靠手感就能知道援的朝向。这种兵器可前推，可回勾，可横击，还可招架。

戊，本为长柄大斧形。我国著名的青铜器司母戊鼎（现已更正为后母戊鼎，后与司本是两个互为对称的字），其上戊字即为形象鲜明的大斧形。戊与一般作为生产用具的斧不同。其长柄靠手持的一端有镦头，即套在柄端的金属套筒。镦头的作用一来可防止柄端劈裂；二来用手握镦就可知道斧刃的朝向，因为镦的截面不是圆形，与斧刃相同的一侧有棱。斧柄的另一端从斧孔中伸出一截，并带有刃、刺。生产用的斧头绝不会装有这些部件。

戊字很难找到用作斧头的实例，在青铜器铭文中，但可见到以戊斫人的图形。

戌，与戊的形制相似，也是长柄大斧。不同的是，戌的斧面有通透的孔。反映在金文中，戊的斧面被涂黑，以示实心；戌的斧面则用轮廓线表示，以示空心。

戉，也是长柄大斧，斧身有孔。与戊、戌不同的是，戊、戌的刃口几乎是一条直线，或略带弧形，斧面呈梯形或稍呈扇形。而戉的刃口呈半圆形。戉后来加金旁作钺。钺既是杀伐工具，又演变为仪仗。《史记·孙子吴起列传》记载，孙武受命训练宫女，与训练正规军一样，“约束既布，乃设鈇钺。”训练中两个女队长不听号令被斩。这里的鈇、钺是刑具。《尚书·顾命》“一人冕，执钺，立于西堂。”这里的钺是周康王登位时摆的仪仗。

戊、戌、戉直接用作斧头的实例虽然很难找到，但作为组字部件还能窥其本义。另外，作为部件，这三字容易相混，比如今天看起来是从戊的字，可能本来从戌或戉。当然将它们分得很清楚，意义已不大。

戚，今从戊、尗，小篆中从戉、尗。戚本义为斧。《诗经·大雅·公刘》“弓矢斯张，干戈戚扬。”这里的弓、矢、干、戈、戚均是兵器，其中干是盾牌。郭沫若有诗“刑天舞干戚，猛志固常在。”刑天是神话人物，谓其一手一盾，一手持斧。

戚字通常还有另外两个字义，一是悲戚，二是亲戚。这不是从其本义引申出来的，而是假借的结果。

成，甲骨文、金文中从戌，下面有一点，象斧头滴血的样子，指杀伐已毕。甲骨文中有“成犬”的字样，大概是以犬祭祀。《吕氏春秋·论威》“专诸……独手举剑，至而已矣，吴王壹成。”指专诸用匕首一举刺杀吴王僚之事。“壹成”即一下被杀死。引申为处罚、惩罚、讨伐等。《周礼·地官·调人》“凡过而杀伤人者，以民成之。”指将过失杀人者贬为奴隶。“凡有斗怒者，成之；不可成者，则书之，先动者诛之。”这里指对斗殴者进行处罚。《春秋·桓公二年》“公会齐侯、陈侯、郑伯于稷，以成宋乱。”即鲁桓公召集齐、陈、郑等共同平定宋乱。成也指征伐已毕，战争双方协议停战。《左传·成公十一年》“秦晋为成”，“秦伯归而背晋成。”即指先是秦晋讲和，后来秦国一转身就翻脸，典籍中也可见参战一方“求成”，即要求停战。

今天，成通常只指事情做完了、做好了，如完成、成功等。可能是直接从杀伐已毕引申而来，也可能是从前面所说的平定叛乱、战争双方停战引申出来的。可见，成字从一开始就带有血腥气。商有成汤，周有成王，无不是在征战杀伐中确立自己的统治地位的。所谓“一将功成万骨枯”，就是对成字的最贴切的注解。

威，从戌，女，在弱女子头上加斧，会意为使人害怕、畏惧。威本义可训为畏。《孟子·公孙丑下》“威天下不以兵革之利”，即让天下敬畏，靠的不是武器。《诗经·小雅·常棣》“死丧之威，兄弟孔怀。”人人都会对死表畏惧，这时兄弟间会有相互顾念。后来，威转人畏惧的仪态、力量等，如恩威并用、作威作福。

咸，从戌、口。咸字从口，与可、只、唯等虚词一样，强调某种语气，相当于都。

今天表五味的咸，应为鹹，以咸表音，以盐卤表意。

又与叉

又的原型是右手。含又的字往往都指用手完成某个动作（不包括简化后含又的字），如取，就是以手执耳之形。这是因为古时抓战俘，取耳以计数。许多字中含有殳，这个殳也是手执兵器或工具之形。实际上，右、有、灰等字的上部就是由又演变而来。

叉字中的一点，点在指缝里，强调的是手指分开状。从叉的字，如杈、衩、汊等都有分叉的意思。

止与正

止是脚丫子的象形，从足、步等字中还能看出这一点。

正，在止的上面加一横。我认为这是脚停在某个东西前面的样子。《论语·阳货》中，孔子对伯鱼说：“人而不为《周南》、《召南》，其犹正墙面而立也与!”大意是说，一个人不学习《诗经》中《周南》、《召南》的篇章，就不会有什么出息。这里的“正墙面而立”，就是对墙站着。在这个特定的情况下，正字上面的一横，就是一堵墙。正就是脚站在墙前面的象形。对着墙还能往前走吗？是没有前途的。一般情况下，我认为正字上面的这一横是起点线，或者说是一道门槛，将要从这里出发。因此，正有起点之义，如正月就是第一月。

尸与尺

尸本与死尸无关，它是一人屈体下蹲的象形，有蹲踞之义。从尸位素餐这个成语也可看出，尸位就是蹲踞、占据某个位置。从许多含有尸的字上也能看出，如屎、尿、屁、臀等。至于现在指尸体，完全是由屍简化而来。

在小篆中，尺字中的一捺，指在尸的小腿位置，尺的本义应是小腿。后来将小腿的长度叫尺，与现在把前臂的外侧骨头叫尺骨差不多。

皿与血

皿就是盛东西的器皿，这个字好造。血，没有固定的形状，怎么用象形字来表达呢？古人造血字走了一条曲线。古人歃血为盟也好，用血来祭祀也好，都要用器皿盛血。在皿字上面加一笔，表示皿里盛有东西。所盛之物即是血。

白与百

白，到底是什么东西的象形，现在还各说纷纭，说是大拇指的也有，说是米粒的也有。从苗语称雪为白来看，白的原形极可能是雪花。但不管如何，百的确是在白字上面加一横。

我们都知道，表示数字的字，除了一、二、三，是用横道的数量来表示外（早期文字的四是用四横表示），其余数字都是借用，如：六是窝棚的象形，也即庐的本字；九是衣带钩的象形。甲骨文则借用白来表示 100。在白字上面加一横即为一百，加两横即为二百。就像 1000 是借用亻来表示，一千就在亻的中部加一横，二千就在亻的中部加两横。后来所加的这一横就留在上面了。百、千成了专门的数字。

田与由

田是阡陌纵横的象形，由则是从田间引出的一条路。由因此有经过之义，如成语有“必由之路”。孔子的学生子路，名由，路与由是一个意思。由此、原由等，都是引申用法。“这事由你做主，还是由我做主。”这个由本来应该用繇。

耳与耴

耳加一竖弯钩，本是耳朵拉长的象形。此字与聃的意思相近。老子名李聃。聃是耳朵下垂的样子。老子大概是大耳朵。历史上也有以这个耴为名的。辄就是一个会意字，是车身上的部件，指车厢上连接车轮上方的挡泥板的东西，从车厢的前后看上去就像两耳，故名。

戈与戋

戈是长柄兵器的象形。戋本来应为戔，应是两戈相斗的会意，一般不单独作用，常作为表音部件，见于盏、栈、浅等。

豕与豖

我们都要知道豕是猪的象形。猪本应为豬。豖字上所加一点，在金文中是个小圈。学者康殷认为这是用绳套住猪脚，就是捉猪，也就是“捉”的异体字。它也与“捉”同音。在涿、琢、啄、诼、椓等字中表音。也有学者推测这个 zhuō 是阉猪。但与原始字形不符。持此说大概是因为典籍中有用椓来表示阉割的。但我估计这是与剢字通假。

乂与义

乂，是剪刀的象形，可以修剪树枝、除草等。《说文解字》释为“芟草也”。引申为治理。乂的除草之义后来交给了刈字。乂、刈、义同音。艾在自怨自艾这个成语里，也读如乂。

义，显然是在乂上加了一点，还保留了乂的读音，以此取代義。这是简化字中的又一发明。

不与丕

不，到底是什么东西的象形，还有争议。但丕由不构成，是无疑的。《说文解字》说丕“从一、不声”，即以“一”表意，以“不”表音。此解可信。虽然不、丕现在不同音，但我们知道丕、否都读pi。相应地，痞也读pi，而鄙又写作嚭。典籍中还有假借不为丕的，可以推测，不与丕曾经同音。丕的字义为大，来自“一”，“一”指大地也未可知。

矦与候

侯本应写作矦，指古代的箭靶（本来不是指王侯的侯，与“亻”无关）。候，从人、从矦，从人表意，指主人迎接客人，从矦表音。在候字中，矦的左部被简化为一短竖。矦也许有表意成分，就像箭靶迎接箭的到来。

只差一笔，但来源完全不同的部件和字

前面讲的，只差一笔的两个字有内在的关联。从现在开始讲一讲两个字或部件看上去只差一笔，却完全是由不同的东西演变而来，它们之间没有意义上的关联。

亻与彳

亻与人是同一个部件，只不过体型稍瘦。而彳俗称“双立人”，却与人没有关系。它实际上是“行”的省略形。古人写字也图省事，往往只写半拉。“行”本是十字路口的象形，指道路。街、衢、衚衕（简化为胡同）等都含有“行”，也都与道路相关。但在径、往、徂等字中就省略了半边，它们要么仍指道路，要么与行走有关。

有人以为“双立人”就是两个人。在网上看过一篇文章，文章说：

像嫖、娱等字用女字旁是对女性的不尊重。因为男女之间的事是双方所为，不能只针对女性。所以这些字应该改为用“彳”。显然作者不知道彳是怎么来的。

从此也可看出，总有些人不知天高地厚，连一知半解都算不上，就妄自指手画脚，嚷嚷要改汉字。

为了避免后学者的误解，我建议不要称彳为“双立人”，称“行字旁”即可。

乃与及

乃是什么？在小篆中，乃没有一撇，就是一条曲线。这个曲线就是乳房的侧视轮廓，也就是奶。乃很难见到其本义，只在奶、艿、仍（变音）等字中表音。但在秀字中表意。秀即禾苗抽穗、灌浆时节。浆汁如奶水，故从乃。

及，其实是两个部件粘连在一起了，应分为卩、又。卩，本是跪着的人形。又，是一只手。一只手从后面够着或抓着前面的人就是及。及因此有够得着、达到的意思。

木与术

木是树木的象形。而术本应写作朮。朮去掉下面的“八”，剩下的是一个独立的部件。这个部件一般著作都未介绍。拙作《字理——汉字部件通解》则有解释。它由一只手的象形演变而来——手腕在下，手指朝上。这个部件还见于求、甫、尤等字。只不过在尤字中一竖变成了一撇，再加一个竖弯钩，像东西脱手。尤就是失手，引申为过错。朮下面的“八”像保护或制约状，保证或迫使“手”完成某一动作。这就是术。

有人可能质疑：术的繁体不是術吗？其中的行怎么解释？其实術同街、衢、衚衕等字一样，本指道路或街道。因为“行”的本义就是道路。術由道路引申为途径、行事的方法等。

顺便说一句，麻字下面的“木”也不是树木，而是给麻株剥皮的象形，其中的“十”应与“八”分开，“十”由麻株演变而来，“八”象剥下的皮。这就与朮去掉一点比较接近。

皀与良

皀本是盛有食品的食器的形状。食字下面的皀即源于此。上面的亼本是盖子的形状，与合、令上部的一样。指食具的簋也含有皀。

而良则由建筑的平面演变而来。从甲骨文、早期金文来看，良是从一座建筑的平面两端各引出两条平行的曲线。人们对这两组曲线有不同的解释。一说是通道，另一说是指房屋两端的通风状。不管如何，良与房子有关。汉初名相、谋臣张良，字子房，就是佐证。古人的名与字一般都有关联。

非与韭

非是鸟的双翅的象形，取其相背之义。非在很多字中都表音，如绯、匪、翡、俳、悲、裴，甚至包括排、徘等。但“靠”字以告表音，以非表意，才有相背之义。两人背对背就是靠。

韭是韭菜的象形。因为韭菜的特点是割完又生。韭在造型上有层出不穷之势。

齑，从韭，是调味用的韭菜末儿。薤，藠头，因其叶子纤细，与韭相似，故从韭。籤、纖（分别简化为竹签的签、纤）均从韭，取韭叶之细。

王与主

王是斧头的象形，王作为仪仗，借代享有这种仪仗的人。从王的字多以王表音，如匡、狂、皇、枉、旺、汪等。

主，按《说文解字》，是油灯的象形。上面的一点是灯火，下部是灯盏及灯架的象形。灯火虽小，却能给一室带来光明。主的字义由此而来。作为部件，主也多表音，如柱（可能也有表意成分）、拄、蛀、炷、注、住等。但是，往字中的“主”却来自王，其读音也源于王。往的异体字为徃。

斤与斥

斤本是带柄的斧子的象形。因此，斧从斤。析、折、斫、斩等均取用斧砍的意思。兵也从斤，是双手持斧头的象形。兵的本义是兵器。

斥，则是屰的变形。屰见于逆、朔等字，它是一个倒置的人形，不妨可以看作夫字的颠倒之形。逆有倒、迎之义；朔则与满月相对，是月亮最小的那一天，即农历初一。举一佐证：诉与愬是异体字。《诗经·邶风·柏舟》“亦有兄弟，不可以据。薄言往诉，逢彼之怒。”这是一个出嫁女子无奈的声音：在夫家受气，兄弟也靠不住。回家向兄弟诉诉苦，还碰上他们发怒。诉与愬，其共同的表音部件就是斥或者说屰。

九与丸

九本是古人衣带带钩的象形，早期读音也应与钩同。丸，本与仄是左右互反的字，也就是说，它是由两个部件组成。仄象一人在厂下，受压抑、偏侧着脑袋的样子，可以说是前面提到的夨的异体字。笔者推测，将仄反写是为了表示来回偏侧脑袋，也就是摇头晃脑。《诗经·商颂·殷武》有“松柏丸丸”之句，应指松柏在风中摇曳的样子。丸后来指圆形的东西，大概是因为其靠来回揉搓而成。

丸作为部件在纨、汍中表音。但还有一种情况，如在执、孰、埶中，“丸”与圆形物体无关，它是一个伸出双手的人。伸双手做什么呢？执，繁体为執，是双手被铐的样子（左边的“幸”是古时的手铐）；孰，是一人用双手进献供品；埶，是一人用双手种树。

丸无论是作为单字，还是作为部件，都与九无关。

几与凡

几是一种小桌的侧视图，即茶几的几。凭、凳，均以其表意。不少字里含有殳这个部件，这是手持工具、器械等之形，这种“几”在不同的字里是不同的东西，与茶几的几无关。凡，在第一章说过，是鸟头简略形。也有学者对凡有别的解释。但可以肯定，凡与几无关。

今与令

今是一个整体象形字。是什么东西的象形呢？我推测是犁铧的象形。不仅仅是因为其早期的字形与犁铧相似，还因为金是今与土两个字的合字。早期的金，从今、土，有时候还加上一两点，像散落的土粒。什么样的金属器具与土为伴，我想应该是用于耕地的犁铧。字形又与之吻合，这就齐了。

而令是由上下两个部件组成的字。上面的亼与合字头、食字头一样，是盖子的形状。合就是上面的盖子与下面的器具（口）相合。食字头则是食器的盖子。令为什么有一个合字头呢？因为古代帝王的使者代表帝王调遣军队，必须从帝王处拿出一块符，此符与军队统帅手中的符相合，军队才能接受调遣。符合一词也由此处来。令字的下部此前为卩。与即、卿中的卩一样，是跪着的人形。只不过即、卿是跪坐吃饭，而令是跪着接令。

今和令看似接近，但是完全不同的两个字。前者是象形字，后者是会意字。

立与产

立是一人站立于地上的象形。下面的一横就是地面，上面实际上是大字的变形。给一佐证：奇，异体为竒，上面的大变成立字头。

产则是由两个部件组成，上面本应为文，下面为厂。产本应写作産。其中的生是不能省略的。産是靠生来表意的。那么产实际上是彦字的省略形。彦在此表音（读音的转变可参照焰与谄）。彦写作彥就更清楚了。它是由文、厂、彡三个部件组成。其中厂在彦中表音。试看雁、厌都以厂表音。这里的厂不是工厂的厂（下面应该加一敞，表音）。彦字从文、彡，表示有文采的样子。因此说，产与立毫无关系。

亚与严

同样，严与亚也毫无关系。亚的繁体为亞，是建筑或墓道平面的象形，呈粗十字形。亞的上下两横不出头就更好了。

而严是嚴的简化。我们看到它也含有厂，以厂表音。所以，严字也是含有“厂”的。

冉与再

冉的异体字为冄，本像柔软的东西下垂状，如髯，指长须。

再，如果去掉一横，就是冓字的一半。实际上，冓本是一个上下对称的字。《说文解字》释此字为“交积材也”，也就是说像木材堆积、支撑状。从構（简化为构）架之構、篝火之篝来看，此说可通。当代学者对此解释有不同看法。结合原始字形，从表相遇的遘、表相见的覯、表男女相交的媾等字来看，冓应是两个同样的东西相对、相抵。在这个东西上面加一横，就是再字。这一横有表示重复的作用。再因此有二、又之义。

免与兔

免是人不戴帽子的象形。字的底部的“儿”，一般都是“人”的变形，也就是人的躯体。免的上部本是人束发、不戴帽子的象形。古人在各种场合，往往都要戴帽子，免强调的就是不戴帽子。今有免冠照一词，几近本义。免职也就是摘乌纱帽。

兔，则是兔子伏地的象形。下部本有双足，其中右下角的竖弯钩加一点，与匕一样是动物蹄足之形（如鹿、毚等），而左边一撇则是由另一只脚简省、变形而来，大概是前脚短的缘故。毚，是两只兔子，上面兔子的双脚没有简化。搀、谗、馋等字的繁体分别为攙、讒、饞，右部都是毚。现有巉岩的巉，还保留了原形。简化后，企图用两点作为重复符号，代替兔这个部件。就像枣，本来是棗，用两点来代替上面已出现的部件。只不过，搀、谗、馋等字中将兔错成了免。

无独有偶，宽的繁体为寬，下部与兔字一样。上部的宀是房子的象形。下部也是一个动物，简化后成了苋，则是植物。这就不对了。

因此说，免与兔是毫无关系的两个字。

勿与匆

勿本是刀子沾血的象形。从勿字身上还能看出刀的影子。我们看黎这个字，其右上角就是刀，不过多了一撇，其实更接近小篆。它与勿的亲缘关系就明显了。黎的上部就是利，以利表音。利的右部不就是刀吗？物字本来就是杀牛。物色一词源于为祭祀用牛挑选牛的毛色。

造勿字用的是加法，在刀上再加一笔。但匆字是由减法得来的。

匆，其实是怱的简化。心中有事，才会匆匆，心字底不该简化。葱，就没有简化。但怱又是悤的简化。至此，我们明白了，匆的读音源于囱，字形也脱胎于此。囱也写作囪，它本是天窗的象形。烟囱者，透烟之天窗也。如果将囱去掉左下的边框，与匆是不是很接近了？

印与卯

卬的读音与昂相同。卬与顷可谓一对反义词。顷即倾，就是一人向另一人俯身。卬的左边本是一站立的人，右边的卩，前面说过是一跪着的人，此人须仰对左边的人。卬也就是仰的本字。仰的读音也由卬而来。亻是后加的，意义不大。同样昂的仰首向日之义也来自卬。迎又何尝没有卬的字义在里面？

卯本是左右完全对称的字，到底是什么东西，尚无定论。一说卯是一件东西一分为二。另外，卯作为部件还有另外一个意思。贸、铆、峁等均从卯，以卯表音，读 mao。而留、柳所从的卯则是另外一个东西，也在此表音，读 liu。刘的繁体劉也是如此。留、柳也分别写作畱、桺，以区别于读 mao 的卯。

因此，昂与昴是两个完全不同的字。昂是仰首向日，昴是二十八宿之一。《西游记》中有昴日星官。

夕与歹

夕是半月的象形。夕以月亮指黄昏。而歹是残骨的象形。从甲骨文看，将牛的肩胛骨锯一缺口，就是歹。所以，从歹的字往往与骨头有关。如：武大郎死后，何九私下里藏了一块武大郎的“骨殖”，这里的殖就指武大郎死后的残骨。

顺便说一句：夙，从凡字头、从夕，而不是从几、从歹。

下与卞

早期的上下二字分别为丄、丅，一竖在上者即为上，在下者即为下。大概是丅在写法上与丁字易混，再加一点以示区别。在造字类型上，上、下属于指事字。

卞与弁本是同一字。弁是帽子、冠。上面的厶就是帽子的象形，下面的廾是双手之形。双手捧帽，以示郑重。弁不是一般的便帽，而是重要场合所戴的帽子。卞有法度之义，当是由此引申而来。典籍中，卞、弁都曾用于徒手搏斗，是与拚字通假。卞当是由弁的草书等变形而来。

尤与龙

尤，如果去掉右下角的竖弯钩，这个部件的原形就是一只手。前面讲朮字时提到过，朮字去掉一撇一捺，就是一只手。尤字的竖弯钩就是手中的东西脱手的样子。尤引申为过错，如以儆效尤。

龙则是一个整体象形字。我们注意到，龙字与犬字有些相似，也是四条腿的动物。尨，只比龙字多两撇，但它是狗。《诗经·召南·野有死麕》中有“无使尨也吠”之句，就是恋人叮嘱对方不要让你们家的狗叫。四条腿的龙与科学家还原给我们的恐龙的形象是一致的。

至于龍，确切地说，不是龙的繁体。它们是两个异体字。龍字当然也是一个整体，左边来自头部的象形，“月”像张开的嘴；右边来自躯体部分的象形：那弯曲的一笔是龙身，三横则来自龙体的鳍。龍字没有突出四条腿，而只是突出其张开的大嘴和弯曲的身体。

心与必

心的原形是什么，似有争论。从早期字形看，上宽下窄，中部有衔接，顶部中间有开口。以我的推测，它不是心脏的象形，而是颅骨的象形。顶部有开口，与囟相似。囟即顶门囟，早期字形也是上面有开口，是小儿头顶的骨头没有合上的形状。心字是作为思维器官存在于汉字中的。我认为古人知道思维器官在头部。一是中医所说的心包括头部；二是古人当然会注意到头疼脑热与心情的关系，比如：烦，右边的页就是头部（从页的字无不与头部有关），会意为头部发热。

我们不能想当然地认为，古人不懂现代医学，“心之官则思”的心指的是心脏。心指心脏应是心引申为中心之义以后的事。引申路径可能是这样的：心是思维器官，是枢纽，引申为中心；人的心脏在躯干的中部，心脏即中部脏器，心脏这个词出现得也较晚。

必，则是由两个部件合成的字：弋与八。也就是说，将必字两边的两点去掉，就是弋字。我们看到，弋与戈的字形有些相近。戈是长柄兵器，弋就是柄。弋的两边各加一笔，会意为将柄把持住，确保完成某种动作，使事情按某一方向发展。《论语·子罕》中有“毋意，毋我，毋固，毋必”，毋必就是不要固执。

万与方

将萬简化成万，有一个遥远的依据。在青铜器铭文中就有这个万。这个万是什么东西呢？我猜测它是萬字的省略形。萬字若去掉下面的冂，就是蝎子的象形。艹则源于蝎子的两支大螯。冂则是由打蝎子的工具如树枝一类的东西演变而来。萬字的底部的禸在以前往往写成厹。其中的“厶”是蝎子卷曲的尾巴，“九”则是树枝之形。蝎子的尾巴卷曲，且有毒。故只取卷曲的蝎尾与打蝎子的树枝是有可能的。万字的横折弯可能就是蝎尾。万的俗体卐，可能与万是同一来源，只不过进行了规整，呈上下左右对称状。

方则是两齿农具形，与力相似。力也是农具。方字现在所存的若干字义都是辗转演化而来。

住与隹

住显然由亻、主两字组成，一表意，另一表音。

隹则是鸟的整体象形，与“亻”无关。从隹的字往往指鸟或与鸟有关，如：雀是小鸟，雕是老鹰，隼也是鹰，雁是候鸟。雇的本义是布谷鸟，因催人耕种而在僱用的僱字中有会意成分。在有些字里，隹与鸟“通用”，如：雕也写作鵰；雅与鸦本是一字，因一种乐器形如鸦，故取名为雅；鹰字中本有隹，不要下面的鸟也是鹰。膺、應（现简化为应）都以鹰表音。下面加鸟，显多余。

予与矛

矛，它源于矛这种兵器的象形，只不过变形较大，与原始形状相去甚远。而予的来源是有争议的。有一种说法聊作参考：雌雄交配的象形，予的字义也来自雄性的付出。从原始字形看，予不像是独体象形，而是合体象形，也就是说，是由两个东西凑在一起的。

犮与发

犮，我们首先应看出其中的“犬”，再在右下加一横折撇即可。实际上，它还有一种写法，就是在犬字的一捺上加一撇。它的字义大概是狗因腿脚不好而走路不便的样子。但这字不见单独使用，只做偏旁，一般表音，如拔、鲅、魃、跋，绂、黻、袯。注意，前面四个字读 ba，后面三个字读 fu。但这不影响以犮表音这个事实。

伏，也本应从犮，以犮表音，因此与绂、黻、袯等同音。伏字中的犮被后人简略成犬了。

发是将發、髮两个字简化成一个字的结果，这是造字史上“天才”的发明。因为这两个字一个是发财的发，一个是头发的发，毫不相干。如果说犮与发有一点关系的话，那就是髮字下面也是犮。

冫与氵

这两个部件是一个特例——两者既有关，又无关。为什么这么说呢？

冫，俗称两点水，称水，就易与氵混淆（图 9-2）。我们都知道，氵的前身确实是水，这没有异议。它也没有别的解释。但冫的情况就复杂多了。大致有这几种情况。

图 9-2　乐山大佛旁的凌云寺。

一是由氵变来的：如决、冲、况、减、净等字。决本应作決，是指江湖等堤防破坏，水从中流出。决从夬，从夬的字往往有缺口之义，如缺、玦。环形的璧有缺口，就是玦。冲本应作沖，指水势汹涌向前。况本应作況，本指水位上涨，引申为进一步之义，如况且、何况、每况愈下（本应为每下愈况）等。减本应作減，指水位下降，与况西反。净本应写作瀞或淨，指水清洁。这几个字都与水有关，其中的氵变成冫很不应该，少这一点算是简化吗？建议国家语委给变回去。因为大多数情况下，冫与冷凝有关，而与水无关，却造成混乱。

二是表冷凝。冫在金文中是两个圆饼形。据已故学者康殷的说法，这两个圆饼是铜饼或者铜锭，是用来铸造青铜器的材料。这有出土的铜饼为证。因铜饼是液态的铜汁冷凝而成，故用以表示冷却、温度下降等义。这既能解释冷、冻、冰、凉、凛、冽等表寒冷的字（寒、冬两字下部的两点与冫是同源部件，本是一回事），又能解释凝、冶等与寒冷无关，但与铜饼形成过程有关的字。另外，这个冫的读音大致也读如饼或冰，冰也从冫表音。冯也从冫表音，其最早的读音当如屏，有成语暴虎冯河，凴、凭等从冯的字往往与凭通用。这也是冫的最正宗的用法。

三是极个别情况由他形讹变而来，如次，其中的冫是由二变来的。二表示排在第二位的、次一点的。

图 9-2 是笔者在乐山大佛旁凌云寺拍的，凌字写成从氵，导游解释以此表示此地三江合流。凌的本义也是冰，如黄河每到春天有凌汛，就是大量的冰裂解，随水而下，也易造成危害。

以上介绍了两类只差一笔的字：前者只差一笔，是因为具有相同的来源；后者只差一笔纯属巧合。这也不足为怪，在成千上万的汉字里，总有一些字字形相近、笔划相差不多。归根结底，认识汉字还要从根源出发，不可妄加揣测。这也是梳理汉字部件这项工作的意义。从基本部件出发，搞清其原型，就不至于混淆。只有一笔之差的字还有不少，罗列未尽，只是在这里提出问题。

这正是：

父形子肖总相似，相似未必为父子。

一笔之辨看血缘，血缘无关别胡指。

第十章　造字异端

春风杨柳万千条，六亿神州尽舜尧。

莫道仓颉善造字，江山代代出英豪。

前两句是毛泽东的诗句，道出了“只有人民才是创造历史的英雄”的观点。笔者续以狗尾，以示赞同。

中国的古老传说中，往往都有一个始祖型的人物，要么是某一行业的肇始者，要么是某一事物的发明者，远一点的如神农、轩辕、伏羲、仓颉，近一点的有鲁班、张衡、蔡伦等。相传汉字就是由仓颉创造。《说文解字·叙》说“黄帝之史仓颉，见鸟兽蹄迒之迹，知分理之可相别异也，初造书契。”“仓颉之初作书，依类象形，故谓之文。”是否确有仓颉其人，尚不得而知。更有人将其神化：《淮南子》说仓颉作书后，“天雨粟，鬼夜哭。”还有人将其描绘长着四只眼睛的神怪。这就离真实越来越远了。

《荀子·解蔽》中说：“好书者众矣，而仓颉独传者，壹也。”这话相对公允：仓颉在文字上下的功夫多，比其他人更专一，只有他得到后人的认可。

实际上，造字是一个漫长的过程，不是某一个人能独立完成的。顶多是在某一历史阶段，某个人所起的作用非常突出，如李斯对小篆的贡献、八思巴对蒙古文字的贡献。几千年来，人们一直在使用文字，也一直在创造文字（见图 10-1、2）。只不过创造的强度不一样。甲骨文时代，可能是一个创造文字的高峰期，在几百年的时间里，至少创造了好几千个汉字。后世也零星创造了一些。如武则天就给自己造了一个曌。远的不说，近现代就为新生事物造了一些字，如表化学元素的氚、氘、氕、氦、铯、钛等，表生物学名词的嘧啶、嘌呤等，表英寸的吋，表千瓦的瓩等。

图 10-1　网友用社会热点造字，从中可以看出四院士、游资、气候变暖与灾害、蓝藻与污染、医院偷女婴、高房价、就业难、卡通等。

文字是要经受时间的考验的。人们在创造新字的同时，也淘汰了一些。长期用不上的字，自然会被逐渐遗忘。从出土的甲骨文来看，可能有多半的字，在今天的文字中找不到与之相对应的了。《诗经·鲁颂·

駉》：“有驈有皇，有骊有黄”“有骓有駓，有骍有骐”“有驒有骆，有骝有雒”“有骃有騢，有驔有鱼”这些马字边的字，只有在马车时代，常常使用。在汽车时代，用不上了。武则天造了十几个字，除曌能留下之外，其余不见踪影了。

图 10-2　网友造字：脑残

不管是谁造字，最好要合乎汉字构成的基本规律，也就是由象形而会意、而形声等。如果不入此主流，很难让别人理解、接受。但仍有少数非主流的文字还是为人们所接受了。

“减法”造字

我们都知道，汉字造字的方法一般是“加法”。汉字基本元素是象形字，再由若干个象形字构成会意字、形声字，会意字、形声字基本上都是加出来的。但也有用“减法”的，不过极少。

“减法”造字不同于前面介绍过的部件省略。省略纯粹是为了减少笔划，节省空间，是有违字理的。而“减法”造字则不是，不减反而不成其字，往往是讲“理”的。

由鸟到乌

不论从繁体还是简体看，乌都是鸟减去一笔（对比烏、鳥），这一笔本指鸟的眼睛。乌就是乌鸦，如张继的诗“月落乌啼霜满天”，曹操的诗“月明星稀，乌鹊南飞。”因为乌鸦身体通黑，看不清其眼睛，故省去对应于眼睛的一点。

由御到卸

卸，由御字减去彳。御，从午、从卩。午是大棒子，也是杵的本字。卩是屈体下跪的人形。这两个部件会意为征服、控制。今天说做领导的御下有术，做老婆的御夫有术，都取这个意思。再加彳、止。练过篆书的人都知道，这两个部件合起来就是辶，指走起来、动起来（彳、止，分别指道路、脚。彳是行的省略形）。因此，御有驾车上路之义，在这个意义上，与同音字驭相同。驭会意为以手赶马。御去掉彳之后，就表示不上路了、停下，就意味着马可以卸鞍、卸载。卸引申为解除负担。

由别到另

另，由别字去掉刂。别字的左部本为：将咼去掉口，也是骨字的上部，是残骨（甲骨文时代，用于书写文字的骨头，是经过加工切削的）之状。别的异体字为別，似与原形更贴近。别会意为以刀剔骨或剐骨，使骨肉分离，或将骨头分解。引申为离别。亲人分手，犹如说骨肉分离。杜甫有著名的“三别”诗，均诉别离之痛。别去掉刂后，指被分解的骨头碎片，引申为不在整体之内。按说，如果追究另的字形来源，就是由骨字头演变而来。但是由别减省笔画而来，它就有了与原来的骨字头不一样的字义，指另外的。

由巍到魏

巍，从委、嵬（图 10-3），以委表音，以嵬表意，指山势雄伟。钟子期听俞伯牙弹琴，表达其感受：“巍巍乎高山，洋洋乎江河。”魏是巍省略了山字头而成的，也指雄伟，只不过一般不用于山势，多指宫阙。魏阙即高大的阙，又代指朝廷，如：《庄子·让王》“身在江海之上，心在魏阙之下。”

图 10-3　魏故骑督平寇将军关中侯广平曲梁苏君之神道。魏字未省略山而作巍。

《周礼》中多处提到象魏一词。从文中可知，象魏应是一个高大的构筑物，是用于张贴或镌刻法律，以宣示民众的地方。其中《天官·大宰》:“正月之吉，始和，布教于邦国、都鄙，乃县（同悬）治象之法于象魏，使万民观治象。”《地官·大司徒》:“正月之吉，始和，布教于邦国、都鄙，乃县教象之法于象魏，使万民观教象。”《夏官·大司马》:“正月之吉，始和，布政于邦国、都鄙，乃县政象之法于象魏，使万民观政象。”《秋官·大司寇》“正月之吉，始和，布刑于邦国、都鄙，乃县刑象之法于象魏，使万民观刑象。”就是在正月里，让大宰、大司徒、大司马、大司寇这四位官员分别将治象、教象、政象、刑象之法悬在象魏上，使万民观看。这里的象也许是象征，主要是让百姓领教政、刑、教、治之法。

魏魏连用如同巍巍，如:《庄子·知北游》:“渊渊乎其若海，魏魏乎其终则复始也。”

由濒到频

濒，从页。页是突出头部的人形。再从水、从双脚（步是一前一后的双脚之形)，像人到了水边，在观察水势的样子。濒因此指靠近水边。这个字义上，后来常用同音字滨，如滨海、湖滨等。濒泛指临近，如濒临灭绝、濒危等。

频，先有濒，后有频。频是濒的省略。《说文解字》中有濒无频。《诗经·大雅·召旻》“池之竭矣，不云自频；泉之竭矣，不云自中。”这里的频即池边，犹如说池滨。池水干涸是因为池的周边无水，泉水干涸，是因为泉眼里没水，“频”与“中”相对。频由临近引申为空间狭小、窘迫、局促。《诗经·大雅·桑柔》“於乎有哀，国步斯频。”意思是：呜乎！可悲呀，国运如此窘迫。“国步斯频”可以理解为：国家像一个赶路的人，走到水边，哪里有出路哇。频又由临近水边这种空间上的迫蹙，引申为时间上的短暂、间隔短，如频频、频繁。

频还因其紧蹙、靠近之义，指双眉紧锁。《孟子·滕文公下》中说，有一人总认为他哥哥的财产都是不义之财，别人送他哥哥一只鹅，此人见了，“频顣曰：‘恶用是鶃鶃者为哉?’”频顣即锁眉皱额；鶃鶃模拟鹅的叫声。这句话的意思是：干嘛要这鶃鶃叫唤的东西呢？不过这个字义后来多用颦代替。颦本来从卑表音，但现在也读成频的音。成语“东施效颦”就是指丑女东施模仿美女西施皱眉的样子。《红楼梦》中有“颦儿思故里”，颦儿指林黛玉，因其多愁善感，常锁双眉，才有此名。

由气到乞

气，在篆文中是三条曲线，象云气的流动。在甲骨文中，气几乎是三条直线，那是因为书写不便的缘故。《庄子·齐物论》：“夫大块噫气，其名为风。是唯无作，作则万窍怒号。”是说大地吹出来的气叫风，不发作则罢，一发作有孔的东西都会发出鸣叫。今天仍有大气、气流等词。气的写法、用法都很明了。但有多事者将气写作氣。其实，氣是另外一个字，指送给人家的粮食，相当于饩。这个氣简化为气，简化得好。

乞，是气省略了一笔而来的。省略后，不再指气，而是假借为另一个从旨、首的字。这个字以旨表音，以首表意，指叩头。此字在古籍中也不常见，是因为被另一个字——稽——代替。稽首也是叩头。这个稽字也从旨，以旨表音，在这里读如乞。乞正是从叩头这个义项上引申出乞讨、乞求的意思。

气变为乞，还有一个佐证：汽变为汔。汽的本来意思是水干涸了。《吕氏春秋·听言》“壮狡汽尽穷屈”，是说连健壮的人都油尽灯枯了。这里汽、尽的意思差不多。引申出庶几之义。《诗经·大雅·民劳》“民亦劳止，汔可小康。”说老百姓只要勤奋，差不多可以奔小康。这里的汽一般都写成汔。

至于今天常用的汽油、蒸汽的汽，是后造的字，与表干涸的汽撞车了。

繇，外面去掉了囗

繇，外面加一个囗，这个字好几种输入法里都没有，但《现代汉语词典》里有。它读若由。这是一个捕鸟的圈套。记得鲁迅先生曾在一篇文章里描述过类似的情景。冬天下雪，飞鸟四处觅食的时候，在地上用棍支起一个罩，罩下撒一些秕谷。而棍上带一根绳，人远远地守在绳的另一端。当鸟飞进罩下吃食时，一拽绳，罩即扑地，将鸟罩住。这个字即生动地再现了这种情景。囗象征圈套；系即系在棍上的绳；右上角的采字头本应为斜月形，如炙字头，是月（肉）的变形，如摇本来为搖；下面加缶，表示缶中盛肉，是引诱猎物的诱饵。这个字有个异体字：囮，读如讹，估计里面是讹的省略，以讹表音兼表意，有误导、诱导之义。

去掉了囗以后，大家将它等同于由。其实它与由是有区别的。由本是田间小路，所以保留了田字形。引申出经过之义，如必由之路、由此而来。《说文解字》释繇为“随、从”，既如此，它应用于“说不说由

（繇）我、听不听由（繇）你。”“由（繇）他去吧”等场合。我想，繇极有可能是捕鸟圈套中鸟追随诱饵这层意思引申出“随”的含义。

由雠到售

售，当是从雠简省而来。雠，有两个隹，隹就是鸟。中间加言，会意为两只鸟对鸣、相互应答。《诗经·大雅·抑》“无言不雠，无德不报。”这里的雠即为应答。又引申为相当、对等、匹敌等义。

雠的繁体为：雔、讐。上边两个隹省掉一个，下边的言简化为口，即为售。雠与同音字“酬”相通，即报酬、酬金，指等价的东西、相应的回报。而酬也有应答之意、如应酬、酬谢等。《史记·高祖本纪》记载了汉高祖刘邦的特异之处，其中之一“高祖每酤留饮，酒雠数倍。”刘邦每次在店里喝酒，店里卖酒的收入就要高出几倍。以至于到年底酒店免他赊欠的酒账。后人写戏骂刘邦无赖，这是依据之一。这里的“酒雠”即卖酒所得报酬。售承接雠的这个字义。《诗经·邶风·谷风》“既阻我德，贾用不售。”这是弃妇的话：拒却我的美德，使我的勤劳得不到回报。售后转义为将东西卖出去，卖出去才有报酬。今有出售、售货等词。售又由卖出去引申为得逞、达到目的，如以售其奸、此计不售等。今天，售，不一定强调卖出去，也指卖的过程。

由木到爿、片

第一章曾说到，爿、片二字是将木从中间竖向劈开、一分为二形成的两个字。这两个字的字义也好理解，就是木爿、木片。爿字较少用，但片字无论作为单字还是作为部件都较常见，如牍、版、牒、牌等，无非都是指由木片制成。

由有到冇

最后，再介绍一个后起的字：冇，这个字在南方方言中读如毛，即没有，显然是有字去掉了两横。

《说文解字》举了一个夕字，认为夕是由月字减笔（月去掉一横，就有点与夕相似了）而来。并认为夕是傍晚，天色尚明，在天光中，月亮上的东西看不清楚，因此去掉那一笔。依此说，与乌字的造字方法无异。但从甲骨文看，夕与月都是半月形，以月代表夕，即晚上，二字本无区别。大概后来二字有了分工，在半月形中加一点，以示区别。不加点的是夕，加点的是月。就与大、太本是同一字一样，因为分工的需要，在大字下面加一点，造太。夕与“减法”没有关系。

合体字

我们都知道，汉字每个字都有独立的形、音、义，一个字就是一个基本单元。但在造字过程中，在极少数情况下，人们将两个以上的字写在一起，如同一个字，但字义、读音还是要分开。如瓩就是千、瓦二字的合体。还有甭，就是不、用二字的合体，只不过读音由不、用二字反切。甭与歪、孬二字的不同之外在于：后者是独立的会意字，读音与不、正及不、好没有关系。覅与甭一样，是勿、要二字的合体，读音为fiao，也来自勿、要两个字。此字大概出自沪浙一带方言。

合体字并不是近现代的发明。在甲骨文、青铜器铭文中都有合体字。比如：甲骨文中，以人字代表一千。在“亻”字中间加一横就是一千，加三横就表示三千。青铜器铭文中，在亞字中间写一父字，即指亞父。在阅读这些古文献时，必须明白哪些是单体字，哪些是合体字。否则，不解其意。

民间仍然在不断创造合体字，如将“招財進寶”四个字写成合体字（见图 10-4）。从陕西流传开来的 biang biang 面的 biang（见图 10-5）字实际上也是合体字。其写法很复杂。为此有人编了一套口诀：“一点飞上天，黄河两边弯；八字大张口，言字往里走，左一扭，右一扭；你也长，我也长，中间来了个马大王；心字底，月字旁，留个勾搭挂麻糖；推了车车走咸阳。”

图 10-4

图 10-5

重复造字

以中国之大，历史之久，不免有重复造字现象，原因各异。比如：指鼻子的，本有“自”，是象形字。后来又造“鼻”，是形声字，以畀表音。如果说自与鼻毕竟读音不同，不能算重复的话，音、义完全相同，而字形不同，应算是重复造字了。

泪与淚。泪，眼睛里有水，显然是会意字。而淚则是形声字，以戾表音。一般容易将泪视为淚的简体。实际上这两者没有传承关系。

巿与韨。如果说巿的这一横是腰带，巾就是系在腰带上的一块布，以遮蔽下身。后来的韨（简化前为韍）与巿同音（fu，第二声），也是这样的“围裙”，一般用革制成，故从韦（韦当是违的本字，指二人相背而行、离去。古人常用柔韧的皮革捆扎劲道大的物体，使之反向变形。故用韦代指革。还有从韦的字如：韬指革制的箭袋；韧即指革的韧性）。韨系在官服的外面，可以防止下跪时磨损官服。

倦与劵。注意，劵不是券。下面一个是力，一个是刀。劵，上部表音，下部表意，指乏力，没劲儿了。倦则以卷表音，以人表意。但人表意太宽泛了，不如以力表意指向更明确。今人废劵而用倦，可能考虑到它与券字易混淆。

猬与彙。猬，即刺猬，是形声字，与胃同音。而彙是整体象形字，上面是头，下面是尾。这个尾巴造得很复杂，是想表达刺猬的特殊功能——遇到攻击时，将尾刺扎入敌人的体内，给对方以深刻的教训。因刺猬还有蜷缩成一团的特性，人们把聚集、拢在一起叫彙。今天简化为汇，用于汇报、汇总等。这两个字本是同音字，今天某些方言区中，仍将汇读如猬。

重复造字还有一些例子，但这一节，着重讲因为重复造字导致的——

字义“返祖”现象

所谓字义“返祖”现象，是指一个部件本来代表某一事物，与别的部件组合之后，代表另一事物，再加一个部件之后，又回到最初的那个事物上了。下面举例具体说明。

播就是釆（注意：不是采）

釆是米字加一撇，的确与米字有关。米在甲骨文、金文中，中间一横、上面三点、下面三点，象筛米或簸米之状。米用来做名词。米字加一撇则主要指筛米或簸米这种动作。加一撇是以示区别。番，从此部件，取其转圈之义，引申为轮流转。今有轮番一词。播，从扌，则又回到簸的字义上。播、簸同音，当不是巧合。《庄子·天运》：“夫播糠眯目，则天地四方易位矣。”就是指簸糠时迷了眼睛，就分不清方位了。《庄子·人间世》“鼓筴播精”，这里的精是精米，筴是簸米的工具，鼓是动词，指摇动这个工具。簸米是留米而去糠，引申为扬弃、放弃，如：刘向《思古》：播规矩以背度兮，错权衡而任意。也引申为撒、散布，如播种、播音等。

磬就是声

声本是磬的形状：上部是系磬的绳头，下部就是磬。磬有一个折角，“弯腰磬折”，就是指腰弯得像磬一样。

声字再加上殳，成为殸，就是用棰敲打磬。下面再加耳，就是用耳听磬发出的音，成为聲。这个聲才是聲音的聲。现在简化为声，是不妥的。

聲、磬、罄，这几个字都有殸字头。罄，下面从缶，是一种容器。从殸，大概也是可以敲击的。蔺相如完璧归赵的故事中，有蔺相如令秦王击缶的情节。《说文解字》中也说缶“秦人鼓之以节歌。”就是说用来打拍子的。但罄多用如“尽”，如罄竹难书。很可能是因为罄中无物，敲起来才会发出动听的声音。磬显然是后造的字，在殸字下加石，以指造磬的材料。这样，磬就又回到声（而不聲）是字上去了

殿的左边本指臀部

殿的左部是什么东西？这要看早期字形。我们不妨从一些大殿的匾额中看看以前的殿字是怎么写的（见图 10-6）。这个殿字中，左下有个丌、几形的东西。

图 10-6　钟馗殿

几，就是坐凳、矮桌一类的东西。几上面的丌是承托物体的下基或支架。尸则是屈体下蹲的人，如屎、尿皆然，履、屐、屦等均指鞋，也是因为提鞋时需屈体下蹲。因此，殿的左边会意为人体下部、与凳子接触的部位，显然指屁股。殿，指宫殿建筑下部高大的台基，即建筑的屁股。军队在撤退或逃跑时，必有得力的人断后，也叫殿后。《论语》中，孔子说：“孟之反不伐，奔而殿，将入门，策其马，曰：‘非敢后也，马不进也。’”是说孟之反这人不夸功，打仗逃跑时殿后，进城门时，鞭打

他的马说，不是我敢殿后，是马不肯走。

殿字又从殳。殳作为组字部件，常与攵同义，表示一手执物，作击打、敲打状，如毁、役等。殿字本义应为打屁股，《说文解字》释为击打的声音。但此义被荒废。现存两个字义都与屁股相关。一是宫殿之殿。这个殿是指建筑的台基。凡宫廷、寺庙等的主要建筑都建在高大的台基之上，更显示其宏伟庄严，进入者须拾级而上。旧称皇帝为陛下。陛是朝堂上皇帝宝座前的台阶。而称皇子为殿下，显然比陛下矮了一层。殿对于整体建筑而言，犹如人的屁股，是坐在最下面的。二是殿后之殿。旧时军队在撤退时，须有得力的将士居后，以防追兵，或做一些善后事宜。此即殿后。

因为大家很难想到殿与屁股的关系，后来人们又为屁股专造一个字：臀，从殿、肉，越搞越复杂。这样又回到了殿字的左部。

菽就是尗

尗是豆类植物刚出生时的象形。豆类出芽与其他的不同。豆芽不是从豆瓣里伸出一个尖，而是先扎根，再将豆瓣从地里拱起来（见图10-7）。古人造字时，抓住这个特点来表示豆类植物：尗字下部是豆芽的根须，中间一横指地面，上部是被拱出地面的豆瓣。

图10-7

顺便说一句，“豆”字本与豆类植物无关，是一种高腰酒器的象形。孔子说他不知兵阵，而略知俎豆之事。俎、豆都是用于祭祀的礼器。用它表示吃的豆，是假借的结果。如豇、豌，从豆以表示豆类的字都是后起字，《说文解字》里是没有的。

尗，加又，为叔。又是手，以尗表音，叔的本义是拾。《诗经·豳风·七月》“九月叔苴”，叔苴就是捡麻籽。叔用来指叔父，也是假借。借用为哪个字呢？弟。有人会反对：叔、弟两字的字义、读音都相差甚远，怎么能假借呢？我要说的是：都不差。叔在假借后的早期，与今天的弟弟同义。如“嫂溺叔援”，叔就是弟弟或夫弟。孟仲叔季的叔就是指兄弟中的排行第三。现在的叔叔，准确地说，应为叔父，即父之弟。读音上，叔的古音，用今天的拼音来表示，声母应为 D。尗与豆通假，就是佐证。另外，从叔的字，如：督、裻，二字同音，声母都是 D。其中裻指衣服后背的中缝，以此指后背竖向正中的位置。现代武侠小说中常说任、督二脉，督脉本应为裻脉。豆、督读音也接近。因此，弟与叔一度同音是完全可能的。

叔再加艹，组成菽，为形声字，以叔表音，以艹表意，指植物。《三字经》“稻粱菽，麦黍稷，此六谷，人所食。”其中的菽即指豆类。这样又回到尗上来了。

疆就是畺

畺，是田界之形，田与田之间用横线隔开，这横线就是田界。

从畺的字往往以其表音，如缰、僵、礓、殭、薑（即生姜之姜。这也是毫无道理的简化字之一。简化为江岂不更省事）等。畺加弓，为彊，是指弓强劲有力，应是现在常用的强字的前身。强本应写作強，从弘、虫，以弘表音，以虫表意，应是一种虫。有人可能有疑问：弘与强的读音差别那么大，强怎么会以弘表音？其实这种差别是可以理解的，比如：红、江二字都含有工，并以工表音。红与弘同音，而江与强（也读 jiang，犟、彊都如此）除了四声不同，拼音相同。强（強）这种虫不常被人提到，成为生僻字。反正闲着也是闲着，于是被假借为彊，至少笔划简省了。

彊再加土，就成了疆。疆以彊表音，以土表意，指地界，基本上与畺是同一个意思（见图 10-8）。疆本指边界，如《诗经·豳风·七月》就有“万寿无疆”之语，“文革”期间被安在毛泽东的身上。无疆即无边。但疆又被引申为界内的地盘、领土，如疆域。这一点与界相似：界既指边线，又指地盘、领域，如工商界、妇女界。

图 10-8　毛泽东题写的新疆日报报头

腋就是亦

亦字如果去掉下面的两点，作亣，就与大字差不多，是一个伸展双臂的人形，是一个典型的象形字。加上两点，其手法就是六书之一——指事。这两点正指向人的双腋，本义与腋相同。就如同在刀上加一点，指明刀口的位置，即刃。由于亦多被借用于虚词，相当于也，人们很难想到其本义。

亦字作为部件，通常表音，如奕、弈等与亦读音相同。迹也以亦表音，只不过读音有所变化。至于恋、孪、峦、栾、弯、蛮等字分别由戀、孿、巒、欒、彎、蠻等简化而来，它们都有一个共同的头。我们就知道这里的亦是由什么变来的了。亦与月字组合，就成了夜。只不过亦字的右下角被简省掉了，而代之以月。原来夜的右下角是斜月形。为了保持字的平衡感，月字的末笔被拉长，成为一捺。显然，夜字以月表意，以亦表音。亦、夜上古音都在余母、铎部。

亦字被借用得太久了，《论语·学而》中就有“有朋自远方来，不亦乐乎!”，至少2500年以上了吧。久借不还。怎么办？只能重新造一个腋字：用夜来表音，用月（肉）来表意。于是，腋又回到亦字上去了。

终就是“夂”

夂通常是由脚趾朝下的脚演变而来，如降字的右边就是两只脚，一左一右，但脚趾都冲下，指从高处下来。但冬字中的“夂”是个例外。它是什么演变而来的呢？是一根弯曲的绳子，在其两端各点上一点，指终端。这个“夂”实际上就是终的本字。

冬字从“夂”，首先是用它表音。至于 dong 与 zhong 这两个音的亲缘关系，还能举出一个例子：重字里就含有“東”，并以其表音；動(动的繁体) 显然以重表音。其次，“夂”在在冬里也有表意成分：在一年之中，冬季是最后一个季节，冬标志一年终了。至于冬字下面的两点，与寒字下部的两点，还有冰、冻、凉、凛、冽、凝等字中的冫一样都与寒冷、冷凝有关，都是由小篆中的“仌”变来。而“仌”又是由金文中的两个黑的圆疙瘩变来的。据康殷先生的论证，这两个圆疙瘩是冶炼青铜的原材料——铜饼。由铜汁冷凝为铜饼，以此泛指冷却、降温。这样，很好地解释了以上含冫且与寒冷有关的字，又能解释冶炼的冶、凝固的凝。冬字下面从两点，自然是指这个季节的寒冷了。

这个表终端的“夂”为什么没有流传下来，不得而知。后来又造了一个形声字：以冬表音，兼有表意成分；以纟表意，纟本来就是绳索一类的东西。

帽就是冃

说帽之前先说冒。冒字的上部，非日也非曰，而是冃。仔细看，它的外框不是封闭的。它是什么呢？它是帽字的本字，是耷拉着帽檐的帽子的象形，是便帽甚至是头巾一类的东西。它不同于冠。冠是身份的标志，不同的官阶戴不同的冠，不能僭越。说冃就是帽，还有个佐证：冕，下部以免表音，上部以冃表意，指帽子，如冠冕、无冕之王。为什么冕字也用耷拉着帽檐的冃，我猜测：冕有下垂的旒。其实，还有两个字中也含有冃，只不过已与曰混淆了——塌、最。

冒，是帽字遮住眼睛的会意。《吕氏春秋·知化》中说，吴王夫差“乃为幎以冒面，死。”说的是吴王夫差不听伍子胥的劝谏，姑息越王勾践，还杀了伍子胥，最终被越国打败，被逼自杀。死前，他觉得在九泉之下无脸见伍子胥，因此在脸上盖上遮羞布。这里的冒就是覆盖、遮蔽，正是由本义引申而来。《楚辞·大招》：“美冒众流，德泽章只。”这里的冒应理解为盖过。这句话的意思是：美盖过了众人，德的光辉彰显。今有冒雪、冒雨等词，就有头上顶着雨雪的意思。古时将帅上战场，说他“亲冒矢石”，这与冒雪的用法是一样的。头顶他人的名义去做某事即冒充。

从另外一个方向引申，好比眼睛被遮时行事，是为不管不顾，如冒失、冒进、冒险。至于冒的另一个字义：往外冒，与覆盖、遮蔽之义正好相反。这是古汉字运用过程中的一种奇特现象：一字有正反两义，犹如矛盾体有互反的两面。如：乱，又训为治，周武王说：“予有乱臣十人。”即我有治世能臣十人；享，既指接受他人进献之物，如享受；又指进献，这个意义上也作飨。冒出，可以理解为从遮蔽中挣脱出来。

如果按《现代汉语词典》上的解释来看冒字，就会越看越糊涂：1、向外透，往上升，如冒烟、冒汗；2、不顾，如冒险、冒雨；3、冒失、冒昧，如冒进；4、冒充，如冒领、冒认；5、姓氏。是不是越解越乱？但要是知道此字的本义，事情就简单明了。

大概是因为这个冃写起来易与曰或月字相混，弃而不用。后来另造形声字：帽，以冒表音，也许兼有表意成分——指覆盖，以巾表意，指这种帽子以巾制成，是简易的、平常的便帽。

廪就是粮仓

亠，下面加一回，就是禀字头。这个字电脑里没有，是一个缺憾。它是粮仓的象形。这里的亠来源于人字形的屋顶，回字形则源于粮仓的主体。

它作为部件，并不陌生。除了禀字外，还有亶。啚字的下部也是它的变形。圖（图的繁体）、鄙二字都含有这个部件。圖，实际上就是平面图，有场地的外廓，有粮仓。鄙指郊野，与粮仓的位置有关。另外，我猜测，吝字也是由禀字头讹变而来。除了它们字形略似之外，字义也对得上，读音上与从禀的廪字都读 lin。吝啬常连用，啬是什么意思呢？即收粮入仓，与穑同义，也可以说是穑的本字。啬的上部本是麦字头，试比较繁体的麥、嗇，是不是很像？啬的下部就是禀字头的简略形——略去了亠。显然，啬有收麦入仓的意思。啬用来指人小气、抠门，源于将东西藏得严严实实。古人解释仓的读音时说：“仓者，藏也。”如果吝果真是禀字头，就可以解释吝啬二字为什么连用了。

禀，本作稟。下面的示本来是禾。从禾，禾代表谷物。稟的早期字义是开仓发粮。《中庸》“日省月试，既稟称事，所以劝百工也。”即按日按月考核，使分发的粮食与工作绩效相称，以此激励各行工匠。古代书家也将禀的下部写成米。从米与从禾无区别。

禀引申为给予、赋予，今有禀赋一词，即指上天赋予某人的素质。禀反过来又指接受他人的颁赐、所给之物。就同享一样，既指进献，又指享受别人进献之物。禀因此又有禀承、禀受之义，多指受命、接受旨意。禀承今也作秉承。

禀显然在廪、檩、凛、懔等字中表音，因为这些字基本上同音，都是 lin。禀读 bing，倒有可能是读别了。禀在廪中似乎也有表意成分，因廪也指粮仓。管子说："仓廪实而知礼节。"廪从广，广是一种有后墙、无前墙（代之以柱）的建筑，上面也是人字形屋顶。庙、库、店、府等字均从广，均与建筑有关。这样，廪又回到禀字头上来了。

殲就是一戈击两人

韱，这个字虽然很少用，但它作为部件，我们并不陌生，如：讖、殲（歼的繁体）、孅、籤、纖（纤的繁体）等。《说文解字》释"韱"为"山韭"，即野韭菜。那么韱字去掉韭字后，剩余的部分是什么呢？《说文解字》解释为"绝"，似乎没有把握，又说："一曰田器古文"。段玉裁顺着这条路子说，在读音上与銛相近，是銛的异体字，那就是锄头一类的工具了。《说文解字》没能从字形出发解释这个字，以为这个东西是由"从、戈"这两部分组成。其实，甲骨文中有这个字，一看就非常明了：用一戈击两人，因为戈头从二人身上穿过（见图 10-9）。戈是古代常用的兵器。这个部件与伐有些相似，伐是用戈击一人。这个字就是一举击杀两人，与击杀一人不同之处显然在于强调所杀者多，基本上可

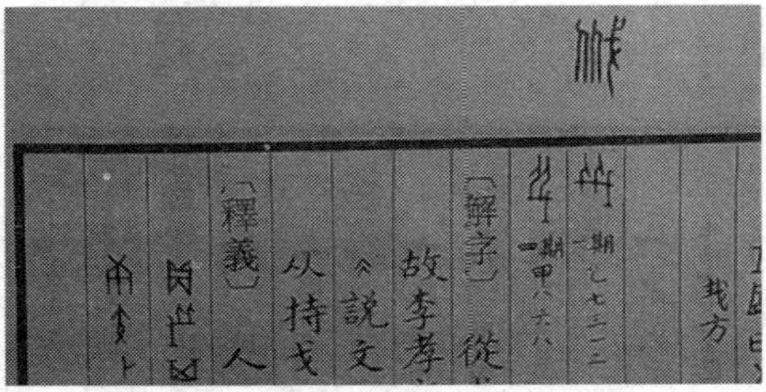

图 10-9　摘自《甲骨文字典》。

以肯定，它是歼的本字，也就是殲的本字。

網就是网

网是象形字，作为部件则变化成几种不同的形式。一是罒，一般置于字头，如罗、罟、罝、罾、罙、罩等都是网或类似于网的工具。二是放在字头，并且包覆下面的部件，如罔、岡。这两个字均从网表音，分别从亡、山表意。罔的字义同亡的早期字义一样，就是没有，如置若罔闻。岡现简化为冈，就是山脊。人们往往忽略冈里面的山，又加山，另造岗。后来，冈与岗又有了不同的分工。三是罕字头。罕字的上部就是网。罕的本义是捕鸟的长柄小网。網，显然是以罔表音、以纟表意的形声字。现在将網简化为网，也算是返璞归真。

缝就是丰

我们现在所说丰收的丰，是豐的简化。豐下面的豆是一种形如高脚杯的容器，但上部较大，以盛粮食，常用于祭祀。在金文中，下面的豆形基本固定，但上面所盛东西的形状往往变化多端。因为那时的文字尚未规范、固化。到了篆体时，麦穗基本上固定为丰字形。简化豐字时，可能就是剥离了其他部件，保留了丰。在简化之前，是很难看到丰这个单独的字的，但它已存在。据康殷先生考证，丰是衣缝的象形。中间的一竖就是缝，而三横是连缀两边的线脚。也可理解为动词的缝，将两片衣料合到一起。也就是说丰是缝的本字。缝与豐（丰）读音相近，可能是巧合，也可能是当初简化时，专家巧妙地利用了这一点。

接下来，自然会有人问起夆是什么意思。我要说，本没有这个字。只有逢而没有夆。有人会不同意，电脑字库里就有夆。但那说明不了什么。逢是什么意思呢？显然，这个丰在逢字里有表音功能。关键在夂、辶这两个部件。夂是脚丫子向下的象形；辶则是由两个部件合并而来：

止、彳，搞过篆刻的朋友都知道这一点。止是脚丫子向上的象形；彳是行字的省略形，就是道路（第一章已说过）。脚丫子向下，可以表示向下走，如：降，也可表示向这边走——来；脚丫子向上，可以表示向上走，如：陟，也可表示向外走——往。那么夂与辶加在一起，就是两只脚在路上迎面相遇，这就是逢的意思。丰在逢中可能也有一点表意功能：合到一起。夆，夂、丰，放在一起，就没有意义了。至于烽、锋、峰、蜂等均从夆，实际上是逢的简略形。就像砝码的砝，实际上是以法表音，而不是以去表音。

大概是丰这个部件久不为人所识，另造形声字：缝，以逢表音，兼有表意功能；以纟表意，指用线等连缀。

专为翻译外来词造字

咖啡这个词，让人一望就知是外来的。中国原来没有这种饮料，音译之后，这个名字已广为大众所接受。

音译用字有两种情况：一种是用现有的字，如阿弥陀佛、阿尔及利亚等。佛字的本义是辅助。佛教传入中国后，作为佛陀的音译用字，人们差不多忘了它的本义。阎字的本义是街门，作为梵文音译用字后，人们只想到阎王（梵文阎魔罗阇的省略）。另一种就是另造新字，如咖啡。据说菩萨的萨也是为翻译梵文而造的字。菩，早有其字，《说文解字》释为菩草。菩萨是梵文菩提萨埵的简称。萨字为什么造成这样，笔者不得而知。

类似咖啡的，还有嘧啶、嘌呤等。嘧啶是一种有刺激性气味的有机化合物，英文叫 pyrimidine，显然译的是后半截的音；嘌呤也是有机化合物，英文叫 purine。这些字为什么都是口字旁？笔者猜测，这表示它们是纯粹的拟声词，与吱叽哗啦一样，除了拟声（或叫象声）之外，没有什么意义。

化学元素周期表中，像金、银、铜、铁、锡、汞、磷、硫等已有的汉字能与相应的元素对应之外，其他的元素用字就得现造。这种造字就采取了音译与意译结合的方式。如：镁来自 magnesium；氚来自 tritium；钠就更不用说了，其符号就是 Na。这些字已是很规范的形声字了：一部分用来表音，如美、川、内；另一部分用来表意——表金属的用金字旁，表气体的用气字头。

但像碳、氢、氧字等就纯粹是意译了。碳的读音与英文 carbon 不沾边，但以石字旁体现了这种物质非金属、固体的形态，又表明它具有炭这种有机物的化学性质。氢的读音也与其英文 hydrogen 无关，但体现了其气体的形态，又表明了它“轻”的特点——它是密度最小的物质。也就是说氢的下部是轻字的省略形。氧的读音与其英文 oxygen 也无关，体现了其气体形态，又表明这是人体所必需的养分，须臾不可缺少。其下部的羊是养的省略形，它因此也与养同音。

汉语与外来语如何对接？这是一个多选题——音译还是意译，用现有的字、词来表达还是造新的字、词来表达？没有标准答案。尽量用汉字来表达外来语，似乎是自古以来的一贯原则。但目前外来语直接拿来的现象并不少见，拉丁字母常与汉字为伍，如：DVD、CCTV 等常常掺和在汉字里；总裁的称谓本来很简洁，有人偏偏要称为 CEO（chief executive officer）。有保守者在社交场合听人介绍某 CEO 时说：我听说过海鸥、沙鸥，但不知随意鸥是什么鸟。让 CEO 下不来台。

想历朝历代所造汉字何止千万，但今天仍在广泛使用的就少多了。

这正是:

造字何需拘定法，稍通文墨即行家。

历朝累计千万兆，岁月无情浪淘沙。

第十一章　字义嬗变

今人不见古时月，今月曾经照古人。

古人今人若流水，共看明月皆如此。

——摘自李白《把酒问月》

千古以来，明月还是那轮明月，只是看月的人的心情不同，寄托于月亮的感情也不同。汉字何尝不是这样？汉字流传千古，我们能从今天的字追溯到甲骨文。但今天我们赋予每个字的字义往往与本义相去甚远了。按说，字义或词义嬗变是任何一种文字都有的现象，如英文中的plan一词，本指平面图，但引申为规划、计划，这是很容易理解的。但这种现象以汉字尤甚。因为汉字的历史太久远了，有些字经过多次辗转引申、朝多个方向引申，以致我们看不出今义与原义有什么关联了。这就给我们掌握汉字增加了难度。

字义的辗转引申与多向引申

先举个例子来说明什么是辗转引申、多向引申。

文，本义差不多就是纹，如手上的纹路或刻画的线条等。《左传》一开头就说：“仲子生而有文在其手，曰：‘为鲁夫人’。”就是从掌纹上能看出“为鲁夫人”几个字。文引申为文字。在文字这个意思的基础上，文又引申出文化等。这就是辗转引申。

大概是由于中国传统的习文者或文化人都很儒雅、有涵养，文又用来指柔和、文雅等。这就是朝另一个方向引申了。字义朝不止一个方向引申就是多向引申。

汉字使用了几千年，大多字的字义都被引申了。有的是辗转引申，有的是多向引申，还有的是兼而有之。

下面举两个兼有两种引申的字：方、徒

方，本是一种农具。与早期单齿农具不同的是，方为双齿。它比单齿农具更进了一步，不但能松土，还可以起土。可参见徐中舒《甲骨文字典》、孙淼《夏商史稿》。

方较早地引申为他义，或挪作他用，在典籍中很少见到用其本义。以至于《说文解字》释方为“并船也”。其实这不是其本义，而是引申义，因方有并列的两齿，因此将两船相并喻为方。其实，典籍中不独称两船相并为方，两车并行也叫方。

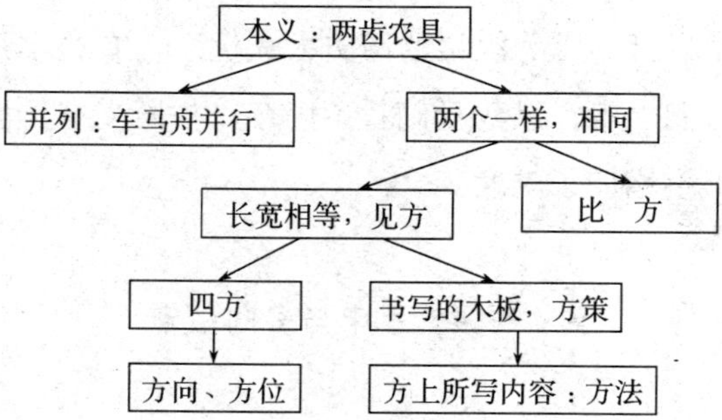

方的字义引申路线

《诗经·周南·汉广》“汉之广矣，不可泳思；江之永矣，不可方思。”是说汉水太宽，不可横渡；长江太长，不可泛舟。《诗经·邶风·谷风》“就其深矣，方之舟之；就其浅矣，泳之游之。”即水深就乘船，水浅就游泳。这里的方可解释为并船；还有一种解释：筏子，那么就不是并舟了而是将竹子或木头并在一起。《史记》中则多处用方字表示并船或并车。《郦生陆贾列传》“诸侯之兵四面而至，蜀汉之粟方船而下。”方船就是两船并行。《苏秦列传》“车不得方轨，骑不得比行。”这里指道路狭窄，地势险要，车骑均不能并行。轨本指左右两轮之间的空间。《淮阴侯列传》“今井陉之道，车不得方轨，骑不得成列。”跟前面一例基本相同。可见，在汉朝，方用于两船、两车并行，比较常见。《说文解字》中有一从方、亢的字，即释为并舟而行。

而两船并行甚至相关的做法也较常见，因其抵御侧翻的能力大大提高，行起来也更平稳。《三国演义》中记载，曹操攻打东，听信庞统的计策，将战船并排相连，避免了在风浪中颠簸，不习惯乘船的曹军很是高兴。结果遭到火攻，无计解脱。

方有两齿，两齿相并、相同，方又引申出相比、相同之义。今有比方一词。魏征《十渐不克终疏》“论功则汤武不足方。”这里方可释为比。《周礼·考工记》“梓人为侯，广与崇方。”意即梓人造箭靶，宽与高相同。现在把长、宽相等叫方形，极有可能从这里来。

中国古代认为天圆地方，天如穹顶罩在大地之上。而大地有边有角。如《列子·周穆王》“东极之北隅有国曰阜落之国。”即大地的东北角有阜落国。既然大地是方的，转而称大地的四边为四方，遂有东南西北方。方又因此引申为方国，即中国以外的各国。如《尚书·多方》中的多方即多国。

古代还将一种书写用的木版叫方。《中庸》“文武之政，布在方策。”

是说周文王、周武王的政令写在木版简策上。这里的方应差不多是正方形而得名，而策是长条形。因为治国的政令、策略都写在方上，可以传诸后人，供后人学习、参考，方引申为方法、办法。同样，策也由竹简或木简引申为计策、策略。

徒，习惯上，人们易将其视为从彳、从走，实际上，从土、从彳和止，彳和止合成辵。以土表音。以辵表步行。徒的本义就是步行，与乘车、骑马等相对。今有徒步一词，指仅凭双腿，不借用车、马等。经延伸使用，就有徒手一词，犹如说赤手空拳。再引申，就相当于空、白白地，如徒有其表、徒劳等。

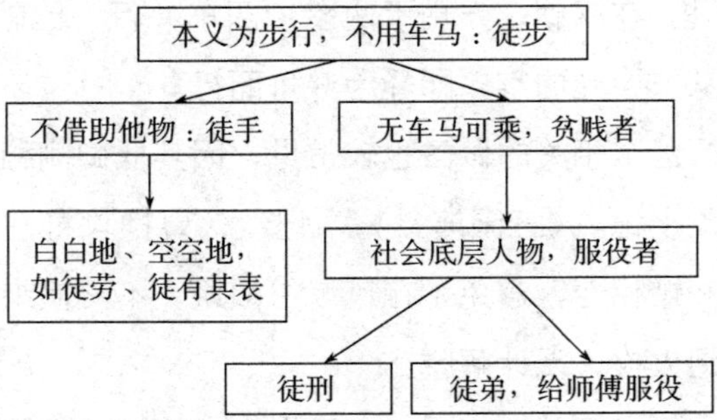

徒的字义引申路线

车马是古代重要的交通工具。拥有车马也是经济实力、社会地位的象征。古代常用百乘、千乘等衡量诸侯的实力。战国时期，冯谖给孟尝君当门客，一开始未受到孟尝君的重视，就常常一边弹着剑把，一边唱道“长铗，归来兮！出无车。”就是说：剑啊，我们回去吧。出门连车都没有。受到其他门客的讥笑：你有什么能耐，也想要车？但孟尝君还是满足了他的要求。后来在关键时刻，冯谖果然不辱使命。车马既然是地位的象征，徒因此又指出门乘不起车马的人，也泛指社会底层出苦力者。

《史记·陈涉世家》中有几处用到徒字。陈涉“召令徒属”，徒属指陈涉带领的前往远方服役的人；秦国派章邯“免郦山徒”，指秦国免除在郦山服役者的劳役，目的是为了组成军队以抵抗陈涉的大军；陈涉为“迁徙之徒”，指被征调服役的人。可见秦朝时期“徒”的地位。后世的徒弟、学徒等，必须从师傅那里学手艺、讨生活，学成之后，就是师傅潜在的竞争对手。在学徒期间，须受师傅的驱使，其实很大一部分劳动与手艺无关，是给师傅家打杂、干重体力活，如服劳役，因此，也称之为“徒”。古时服役要么是朝廷规定的义务，要么作为一种惩罚。不管如何，服役者都受到严酷的管制，没有自由。《诗经》中常有因为“王事靡盬”（王的事还没做完）而不能归家的哀叹。像秦朝，陈涉与其同伙因在去服役的路上遇大雨而耽误行程，就面临被杀头，也因此被逼上起义的道路。这种没有人身自由的服役期因此叫“徒刑”。

同一字引申出两个互反的字义

在阅读古籍时，如果用今天的字义来揣测某个字的意思时，可能是猴吃麻花——蛮拧。举一个例子。《史记·齐太公世家》中有一个故事：齐懿公是一个无道之君。在登位前与丙戎的父亲有过节。登位后，他砍了丙戎父亲的腿，又将丙戎收为仆人。他看庸职的妻子美貌，将她据为己有，又让庸职给他驾车。有一天丙戎与庸职出游在外，一起洗澡。两人开起了玩笑。庸职称丙戎是“断足子”，丙戎就喊庸职“夺妻者”。开过玩笑之后，两人密谋杀死了齐懿公。这里的“夺妻者”显然是指丢妻子的人。夺本来就有脱手之义。如果按现在的字义来理解，“夺妻者”就是抢夺别人妻子的人。

汉字里有一种特殊现象：一个字引申出两个完全相反的字义。这似乎不好理解了。其实也是可以理解的。下面我们具体举分析。

受，上下各为一只手（又即右手），中间的冖是一物件，这是两只手传递一个物件的象形。受可理解为把某东西交出去，也可理解为把某东西接过来。这就是两支看似相反的字义：给予、接受。今天，我们只用后一支字义：接受。但早期这两支字义是并存的。《论语·乡党》："康子馈药，拜而受之。"这里的受是接受。《韩非子·外储说左上》："因能而受官。"即根据才能授予官职。这里的受与今天的字义相反，即给予。针对这支字义，后来又另造授字。"男女授受不亲"，即男女之间在传递东西时不能有肌肤接触，以授、受两字分而任之。

享，上面是建筑的象形，下面本是羊、而不是子。大约是在宗庙建筑中用羊来祭拜。羊在这里也表音，如以羊表音的祥、详都读 xiang。《尚书·盘庚上》："兹予大享于先王。"即这在这里大祭先王。享也引申于招待活人，即宴享，如《左传·襄公二十七年》"郑伯享赵孟于垂陇。"即郑伯在垂陇宴请赵孟。反过来，享也指神鬼受祭。《孟子·万章上》"使之主祭而百神享之。"这里的享指受祭。享也在此基础上引申为活人接受招待、享用。今天常用的是后一支字义。前一支宴享他人的字义用飨来代替，如编辑常说的一句话：以飨读者，就是用文章来款待读者。

禀，下面本来是禾、而不是示，禾指粮食；上面是粮仓的象形。禀的早期字义是开仓放粮，又引申为给予、赋予。今有禀赋一词，即上天赋予的素质。禀反过来又指从粮仓里分到粮食，或者是拿俸禄，引申为接受，如禀命、禀承旨意等。至于下级向上级"禀报"，笔者猜测是"禀命而报"的简略形式。

匃，其中勹是人屈体状；亡是倾侧的容器，以倾侧示其空空如也（"结构漫漶"一章曾述及）。匃的乞讨之义非常明了。丐是匃的变体，大概是草书造成的。匃的乞讨之义一直延续下来。但在典籍中匃还有给予之义，当是因人乞讨而给予，如《后汉书·窦武传》："及载肴粮于路，匄施贫民。"

景，从日、京。京是下部架空的粮仓。景是日光投射在建筑物上。它既指物体迎光的部分，又指物体背光的部分。范仲淹《岳阳楼记》中"至若春和景明"，江淹《别赋》中的"日出天而耀景"，这里的景即为物体上的光亮。指背光的部分，即相当于现在的影字。《周礼·地官·大司徒》中的"日南则景短……日北则景长。"指的就是日影的长短。在这个意义上，用影代替景，是后来的事。

聘，从耳，指听取意见、探问情况。聘求名士，即听取名士的意见，后来引申为招聘；古代诸侯之间或是天子与诸侯之间派使节问候也叫聘，虽是问候，也有听的意思。聘后来引申出娶妻和嫁女这两支看似相反的字义。男方给女方的礼金叫聘礼；北方人把嫁女叫聘姑娘或出聘。这大概与男女双方相互通问有关。

乱，我们都知道它有个反义词：治，如：由天下大乱达到天下大治；治世之能臣，乱世之奸雄。据《尚书·泰誓中》，周武王在伐商之前的誓师大会上给自己的军队打气，其中有一句："予有乱臣十人，同心同德。"这里的乱臣不是"乱臣贼子"，恰恰是指治世之能臣。它为什么有"治"的意思呢？

这还得从其原始字形说起。从乱的繁体字亂基本上能看出原形。亂的左部本是一个上下对称的字：上面的爫和下面的又都是一只手；两手之间是幺的变形，是扭结在一起的丝状；冂本处于正中间，大概是将丝紧紧缠在一起的东西。那么，亂的左部应该会意为用双手来解被缠住的丝。右边的竖弯钩则是尖细的、用来挑丝的工具。因此，亂字就是一团丝纠缠在一起，要用双手和工具理清、解开。至此，我们可以理解它有"治"的意思。为什么它又是"乱"呢？因为乱才去理它，或者说"理还乱”。《文心雕龙》各章的结尾的《离骚》的结尾都有“乱曰”的字样，意即理清前面所说的头绪，作一简要总结。

差，现在指不好。但它还有一个字义，指病好了。这个意义上，后来造瘥代替差。《梦溪笔谈·卷二四》：“因病甚危，服医朱严药，遂差。”就是说危重病人服了朱严的药，竟好了。《三国志·华佗传》中也用到此字：“故督邮顿子献得病已差，诣佗视脉。”就是说从前任过督邮的顿子献病愈后，去见华佗，请他诊脉。

这也得从差的原始字形说起。差的上部本是垂字头，就是植物或者说庄稼蔫头耷脑的样子；下部本是左字。左的早期字义相当于今天的佐，有帮扶之义。一方面我们可以理解为植物或庄稼的状态不佳，需要人采取措施挽救，因此指不好；另一方面我们可以理解为在挽救之后好转，因此比喻病愈。这和亂字有两支相反字义极其类似。

且，本是载肉的礼器，用于祭祀。从且的俎，则是下面有支脚，上面既可以载肉、也可以切肉的器具。它比且多了支脚，左边的两个“人”形，就是由支脚演变而来。且是扁平的器具，上面只要一放东西就会高出来。《诗经·大雅·韩奕》：“笾豆有且。”就是指笾、豆（均是容器）里装的食物多，高出口沿。且大概因此引申出进一步之义，如并且、而且、况且都是指在原有的基础上再向前一步。且又反向引申，如姑且，有退一步说的意思。

冒，上一章已说过，是帽子盖住眼睛的象形，现已引申出多项字义，其中有两项相反，即遮盖和往外冒。

个别字的不同字义间没有引申关系

前面说的是一个字的不同字义都是从其本义引申出来的，当然，假借的字义除外。现在要说的是，除了假借之外，个别字的不同字义之间也没有引申关系。

椅，我们都知道，这是一种带靠背的坐具。此字我们不妨这样理解：右边的奇是倚的省略形。椅以倚表音兼表意。椅子是出现得较晚的家具，后于凳子。与凳子的最大区别就是有靠背，即有倚靠。

但椅这个字本来是树木的名称，按《说文解字》，它与梓树是一类。《诗经·鄘风·定之方中》有“树之榛栗，椅桐梓漆。”之句。椅，作为树木名，恐怕要比家具名的出现要早出上千年。应该说，这本来就是两种不同的东西。

汽，现在指蒸汽。汽油是以其挥发性强而得名。显然，气在这里既表音，又表意。

前面曾讲过：汽最初出现时，是个形声字，仅以气表音，意思是水干涸了。《吕氏春秋·听言》“壮狡汽尽穷屈”，是说连健壮的人都油尽灯枯了。这里汽、尽的意思差不多。这个汽后来又写成汔。《诗经·大雅·民劳》“民亦劳止，汔可小康。”说老百姓只要勤奋，差不多可以奔小康。汔的差不多之义是从干涸之义引申而来的。

汽的蒸汽之义与干涸之义没有传承关系。

溺，现存的有两支字义：一是沉没，如沉溺于酒色、溺水身亡等。二是小便，读音与尿相同，也就是尿的异体字。《史记·韩长孺列传》说，韩长孺坐牢时，受狱吏虐待，韩说，死灰难道就不能复燃吗，意思是我没准哪一天还能东山再起呢。狱吏说：“燃即溺之。”就是说，等你复燃那一天，我一泡尿就浇灭你。这个字义现仍在沿用。

溺字其实还有一支字义，作为河流的名称，即《尚书·禹贡》中所说的弱水。《禹贡》说：“道弱水至于合黎，余波入于流沙。”《西游记》在“八戒大战流沙河”一章中把弱水与流沙河联系在一起——在流沙河边的碑上刻有四句话："八百流沙界，三千弱水深。鹅毛飘（漂）不起，芦花定底沉。"体现了作者对"弱水"一名的理解：连鹅毛、芦花都托不住。

也许作为河流名称的弱水与沉没之义有关联，鹅毛、芦花都托不起的水，自然让所有的东西都沉没。可是这与尿这支字义无论如何也联系不到一起。

指尿的溺是怎么来的呢？据徐中舒先生有《甲骨文字典》，甲骨文中有一站着撒尿的人形，身体弯曲，略似弓形，前下方有两点，即小便之形。此字如果用现在的笔划写出来，就是半个弱字。大概是后人又加上氵，这样就往溺字上靠拢了。

另外，问津的津与津津有味的津没有关系，本是两个字；指渭水支流的漆与油漆也本是两个字。不能枚举。

这正是：

初生字义如树干，广被引申枝桠繁。

绵亘古今多异义，顺枝求干费攀缘。

第十二章　读音流转

古诗读音的古今差异

敕勒川，阴山下，
天似穹庐，笼盖四野。
天苍苍，野茫茫，
风吹草低见牛羊。

读这首北朝民歌，我们会发现一个问题：头两句不押韵。民歌是要押韵的。再举几个例子。

“五月斯螽动股，六月莎鸡振羽，七月在野，八月在宇，九月在户，十月蟋蟀入我床下。”这是《诗经·豳风·七月》的句子。“野”、“下”两个字似乎也不押韵。

“鹤鸣于九皋，声闻于野。鱼潜于渊，或在于渚。”这是《诗经·小雅·鹤鸣》的句子。这里的“野”似乎也不与渚押韵。

“帝子降兮北渚，目眇眇兮愁予。袅袅兮秋风，洞庭波兮木叶下。”这是屈原《九歌·湘夫人》的句子。其中的“下”似乎也不与渚、予等字押韵。

其实，野字从予表音，与抒、纾一样，在上古时与股、羽、宇、户、渚、予等字韵母相同，都在鱼部。下字也在鱼部。也就是说上面所举的民歌或诗词都是押韵的，只是现在读起来不押韵。

以今天的读音来读古诗，会发现不押韵，这种事并不少见。再看看以下几首诗。

刘禹锡《乌衣巷》

朱雀桥边野草花，乌衣巷口夕阳斜。
旧时王谢堂前燕，飞入寻常百姓家。

杜牧《山行》

远上寒山石径斜，白云生处有人家。
停车坐爱枫林晚，霜叶红于二月花。

王建《雨过山村》

雨里鸡鸣一两家，竹溪村路板桥斜。
妇姑相唤浴蚕去，闲看中庭栀子花。

韩翃《寒食》

春城无处不飞花，寒食东风御柳斜。
日暮汉宫传蜡烛，轻烟散入五侯家。

这几首诗的韵脚都是花、家、斜三个字。显然，这里的斜读 xie 就不押韵，读 xia 才押韵。类似的，杜甫的诗："风急天高猿啸哀，渚清沙白鸟飞回。无边落木萧萧下，不尽长江滚滚来。"这里的"回"只有读如徘徊的徊才押韵。贺知章的诗："少小离家老大回，乡音无改鬓毛衰。儿童相见不相识，笑问客从何处来。"也是这种情况。

另外，律诗用字的平仄都有严格的规则，比如：上下联中，相应位置的两个字的读音是平仄相对的。如果用今天的读音来读前人的律诗，有时会发现这个规则被打破了，其实不然。如苏轼的诗："横看成岭侧成峰，远近高低各不同。"今天看来，上、下联中的第二个字"看"与"近"，都是去声，也都是仄声，就不能做到平仄相对了。实际上，这里的"看"恐应读成看守的看，为平声。我们从鲁迅的诗："忍看朋辈成新鬼，怒向刀丛觅小诗。"也能得到印证。

总之，我们在阅读前人的作品时，应该知道古今读音有别。一般说来，我们即便将古音读错了，也不影响对前人作品的理解，顶多在美感上打折扣。但有一点很多人没有注意到，由于读音变异，导致大家不能正确理解某些字，主要是形声字。

表音部件在哪里

如果说沐、浴这两个字都是形声字，都以右部表音，对前者大家不会有意见——沐与木同音；对后者有人会提出疑问：浴与谷的读音差别也太大了吧。但我们如果看看含有谷的字，如欲、峪、裕、鹆等都与浴同音，就不会不同意了。

在形声字中，表音部件的读音与该字读音的差异，细分起来又有几种情况：

一、仅仅是声调不同。

大家容易接受，如：方与房，金与锦，丁与顶，口与扣，每与梅，子与字，间与简，向与响，元与远，包与抱等，不必赘述。

二、韵母有变异，但这种情形不多。

举几个例子：皮，读 pi，在坡中表 po 的音；亢，读 kang，在吭、坑中表音，而它们读 keng；行，读 hang，在衡、珩中表音，而他们读 heng；牙，读 ya，在邪中表音，而邪读 ye（做语气词，耶实际上就是邪的讹变）；贼，本来含有则，并以则表音，但读 zei；赖，本来含有剌，并以剌表音，但由 la 转成 lai。

三、声母有变异，虽然不太好接受，但大多有规律可循。

声母 b、p、f 之间的关系

包，在跑、泡、袍、咆、刨、庖、疱、狍、匏等字中表音。这些读 pao 的字并不比以包表音、但读 bao 的字（如胞、雹、孢、苞、饱）少。

并，在拼、姘、瓶、屏、帡等字中表音。这些字都读 ping。而从并、读 bing 的常见字似乎只有饼。

巴，既在把、粑、芭、疤、吧、靶等字中表 ba 的音，又在爬、杷、琶、耙、葩等字中表 pa 的音。

辟，本身就有两个音，分别在避、壁、臂、璧、嬖等字中表 bi 的音，在劈、譬、霹、僻、癖、甓等字中表 pi 的音。

看来，声母为 b 和 p 的两组读音互转非常多。肯定还有其他例证，就不一一列举了。

与它们有纠葛的还有声母为 f 的字。看看下面的例子。

反，在饭、贩、畈等字中表的音，这没问题。但它还在板、钣、扳、扳、阪等字中表 ban 的音。而扳实际上还有一个发 pan 的音，另外，鋬也读如攀，指器物的提梁。

分，在汾、纷、粉等字中表音，也没问题。但它在坌（ben）、邠（bin）、颁、盆、盼、贫等字中表音，声母分别为 b、p。

番，本身就有两个读音：fan、pan（用于地名，广东番禺）。它在翻、蕃、燔、蹯等字中表 fan 的音，这没问题，在蟠、潘中表 pan 的音也没问题。但它还在播、鄱中表的 bo 音。

发，很少见含有发的字仍读发的音，但它在拨、袚中表 bo 的音，而在泼字中表 po 的音。

甫，在辅、脯、黼等字中表的 fu 的音，这没问题。但它在捕、逋、哺等字中表 bu 的音，在铺、莆、匍、蒲、圃、埔等字中表 pu 的音。

非，大部分从非的字都读 fei，没问题。但悲、辈读 bei，而裴读 pei，进而转读 pai，如排、徘、俳、棑等。

咅，前面说过，它是呸的异体字，姑且读呸的音。含有咅的字，如陪、培、赔等读 pei，菩读 pu 之外，倍、焙、碚等读 bei，部读 bu，而涪读 fu。

看来，p 与 b 这一对清、浊音，再加上唇音 f，是一个“铁三角”，读音互转是很常见的。

像这样的“铁三角”还有几组。那就是声母分别为 z、c、s；zh、ch、sh；g、k、h；j、q、x 的字，也可以举一些例子。

声母 z、c、s 之间的关系

喿，就是有多只鸟在树上叫，应该说这是噪的本字。它在噪、躁、澡中表 zao 的音，在操字中表 cao 的音，在臊（肉末也叫臊子）、缫、慅中表 sao 的音。

丝，在鸶、咝中表 si 的音，在兹、滋中表 zi 的音，而兹也读 ci（古地名，龟兹），相应地，糍、慈、磁、鹚也读 ci。

从，在枞（树名）中表 cong 的音，但在怂、耸中表 song 的音，在纵、枞（地名，安徽枞阳）、踨（即跟踪的踪，含从，即有相跟之义）表 zong 的音。

曾，本身有两个读音：zeng、ceng。它在增、赠、罾、缯、甑中表 zeng 的音，在僧中表 seng 的音，在蹭、層（简化为层）中表 ceng 的音。

声母 zh、ch、sh 之间的关系

者，在煮、渚、猪、诸、著、箸、翥等字中读表的音，在褚（姓氏)、楮、储等字中读的音，在暑、署等字中读的音。

从寺的字：峙、痔、庤等读 zhi，持读 chi，恃、侍读 shi。

尚，在掌中表 zhang 的音，在常、敞、裳、倘等字中表 chang 的音，在赏、裳、绱等字中表 shang 的音。

单，既读 shan（姓氏)，又读 chan（匈奴单于)，在蝉、禅、婵、阐中表 chan 的音，在戰中表 zhan 的音，在禅（用于古代帝王封禅、禅让）中表 shan 的音。

声母 g、k、h 之间的关系

可，在舸、哿中表 ge 的音，在轲、苛、柯中表 ke 的音，在河、何、呵中表 he 的音。

各，在胳、咯、格、骼中表 ge 的音，在客、恪中表 ke 的音，在貉中表 he 的音。

告，在诰、郜、锆中表 gao 的音，在靠、焅中表 kao 的音，在浩、皓表 hao 的音。

古，在姑、故、沽中表的 gu 音，在苦、枯中表 ku 的音，在怙、胡、祜中表 hu 的音。

声母 j、q、x 之间的关系

奚，在鷄（简化为鸡）中表 ji 的音，在蹊中表的 qi 音，在溪、鼷、傒、豀 xi 的音。

戋，在贱、笺、饯、践中表 jian 的音，在浅、钱中表 qian 的音，在线中表 xian 的音。

佥，在剑、捡、检中表 jian 的音，在签中表 qian 的音，在险、猃中表 xian 的音。

声母 d、t、sh 之间的关系

从以上五组“铁三角”中，我们发现每组都是由一对清、浊音，再加一个相应的擦音（也叫摩擦音）组成。擦音就是缩小口腔通道而送气发出的音，如 f、s、sh、x、h 等。那么，d、t 也是一对清、浊音，它们相应的擦音是什么呢？笔者认为，那就是 sh。下面举例。

炎，在氮、淡中表 dan 的音，在谈、痰中表 tan 的音，在剡中则表 shan 的音。

单，本身读 dan，在殚、弹中表 dan 的音，在弹、表 tan 的音，在禅中表 shan 的音，其本身也读 shan。

尚。在党、（简化为当）中表 dang 的音，在棠、堂、躺中表 tang 的音，而在裳、赏中表 shang 的音。

是，在堤、提中表 di 的音，在题、提、缇中表 ti 的音，而其本身则发 shi 的音，在匙中也表 shi 的音。

汤，在荡中表 dang 的音，在烫中表 tang 的音，本身也读 tang，又有另一个读音 shang。

真，在滇、颠中表 dian 的音，在填、阗中表 tian 的音，在慎中表 shen 的音。

者，在都、堵、赌中表 du 的音，在屠、瘏中表 tu 的音，在署、暑中表 shu 的音。

召，在貂、蛁中表 diao 的音，在迢、笤中表 tiao 的音，在苕、韶、绍中表 shao 的音。

兑，本身读 dui，在蜕中表 tui 的音，在税、说中表 shui 的音。

亶，本身读 dan，在檀中表 tan 的音，在擅中表 shan 的音。

因此，共有六组“铁三角”。剩下的几个声母 m、n、l、r、w、y 无法构成“铁三角”，但它们两两之间，或与其他声母之间往往可以互转。

声母 w 与 m 之间的关系

亡，读 wang，忘也读 wang，但在忙、盲、邙中表 mang 的音。

未，读 wei，但在妹、昧、魅中表 mei 的音。

免，读 mian，娩也读 mian，但在挽、晚中表 wan 的音。

门，读 men，闷、扪也读 men，但在问、闻、阌中表 wen 的音。

声母 m 与 h 之间的关系

毛，在牦、旄中表 mao 的音，但在蚝、耗中表 hao 的音。

每，在酶、莓、梅中表 mei 的音，但在悔、晦中表 hui 的音。

靡，读 mi，麾是以靡（省略形）表音的字，却读 hui。

黑，读 hei，但在墨、默中表 mo 的音。

灰，读 hui，但在脄中表 mei 的音。此字也写作脢，指里脊肉。

另外，亡在盲、肓中表音，但一读 mang，一读 huang。夢、甍、瞢上部相同，以其表音，都读 meng，但它在薨中表音，却读 hong。

声母 w 与 h 之间的关系

亡，读 wang，但在肓、荒、巟（指水大，荒以此表音）、衁（杀动物所放的血）中表 huan 的音。

完，读 wan，但在浣、皖中表 huan 的音。

官，在绾中表 wan 的音，但在逭中表 huan 的音。

由此可以看出，声母 m、h、w 实际上也构成了一个三角，尽管算不上“铁三角”。

声母 l 与 m 之间的关系

姥，有两个读音，一读 lao，如姥姥；一读 mu，如天姥山。

廖、寥、蓼、戮和缪、谬，它们都含有一个共同的字，此字均起表音作用，但它们的读音有 liao、lu 和 mu、miu 两组。

戀（峦）、孿（孪）、攣（挛）和蠻（蛮）、彎这两组字都以上部表音，但前者 luan，后者为 man。

声母 g 与 l 之间的关系

各，读 ge，但路、赂、辂读 lu，洛、雒、骆、络、珞读 luo，烙读 lao，略读 lve。

果，读 guo，但裸、倮读 luo。

咼（咼），读 guo，相应地，锅、過（简化为过）也读 guo，但脶读 luo，指手指纹。

声母 r 与 n 之间的关系

若、偌均读 ruo，但诺、喏、锘读 nuo。

弱，读 ruo，但搦读 nuo。搦战，即叫阵、挑战。

冉，读 ran，髯、苒也读 ran，但枏也就是楠，读 nan。

任，读 ren，但在恁中表 nen 的音。

仁，读 ren，但在佞中表 ning 的音。

女，读 nu，但在汝中表 ru 的音。

乃，读 nai，奶、艿也随之读 nai，但在仍、扔、礽中表 reng 的音。

念，读 nian，捻、鲶也随之读 nian，但在稔中读 ren 的音。

另外，都以需表音的儒、孺和懦、糯，前者读 ru，后者读 nuo。都以襄表音的壤、嚷和孃（娘）、釀（酿），前者读 rang，后者读 niang。

声母 b 与 m 之间的关系

必，读 bi，但在泌、宓、密、秘、谧中表 mi 的音。

百，读 bai，但在陌、貊中表 mo 的音。

声母 w 与 f 之间的关系

武，读 wu，但在赋中表 fu 的音。

无，读 wu，但在抚中表 fu 的音。

另外，表否定的勿、弗其实没有什么区别，两者可以互转。以三个方言字为例：覅、甮、朆是合成字，意思分别是：不要、不用、不曾，读音也分别是勿要、勿用、勿曾的合成，但分别读 fiao、feng、fen。

声母 p 与 m 之间的关系

满的右部，在蹣中表 pan 的音，在瞒、满、颟、螨中表 man 的音。

派的右部，在派中表 pai 的音，在脈（也写作脉）中表 mai 的音。

声母 y 与其他声母的关系

我们注意到，y 是一个非常活跃的声母，与许多声母都可以互转，以为声母的字也是最多的。举一些例子。

声母 y 与 t 的关系：炎与谈，余与涂、途，俞与偷，缘与彖（tuan），怡与台，舀与滔，姚与逃、桃，甬与桶，扬与汤等。

声母 y 与 d 的关系：也、匜（yi）与地、髢（di），弋与代，贻、怡与绐、骀、殆，延与诞，炎与啖，舀与稻，奄与电，枼（葉的本字，简化为叶）与蝶、谍等。

声母 y 与 sh 的关系：攸与儵（shu），益与谥（shi），译与释，弋与式，允与吮（shun），悦、阅与说、税，延与埏（shan），迤与施等。射有 she 与 yi（用于地名，江苏射阳）两个读音。

声母 y 还与其他声母有关联，如：与 q 的关系——倚与奇，屹与乞，验与佥，沿与铅，衍与愆等；与 ch 的关系——焰与谄，彦与产（都以其中的厂表音），扬与畅、肠，郢与呈等；与 zh 的关系——由与宙、妯、胄，檐与詹，诣与旨，轧有 zha、ya 两个读音；与 x 的关系——羊与详、祥，羽与诩（xu），余与徐，由与袖、岫，诱与秀等；与 r 的关系——尧与饶、娆、绕，蓥、莺、莹、营与荣，育与肉（育字下部本为肉，俗称肉月），悦与锐，元与阮等；与 n 的关系——尧与挠、蛲、铙，以与拟（繁体为擬，以疑表音），焉与蔫，幼与拗等。不能一一尽举。

另外，几组“铁三角”之间也有关联。

zh、ch、sh 与 z、c、s 的关联。我们知道，南方方言里，往往将 zh、ch、sh 分别读为 z、c、s；反过来，东北方言里，往往将 z、c、s 分别读成 zh、ch、sh。还有：寺，声母是 s，属于 z、c、s 这一组，但其表音的字往往在 zh、ch、sh 这一组，如痔、持、恃。

类似的情况还有一些。

j、q、x 与 g、k、h 这两组“铁三角”关系也较密切。说明声母 j 与 g 的关系的字有：窖（jiao）与告，江与杠，监与尴（gan），菅（jian）与官，戛（jia）与嘎（ga）等。另外给有 ji、gei 两个读音。说明声母 q 与 k 的关系的字有：髂（qia）与客，腔与空，区与抠，悫（que）与壳等。另外，卡有 qia、ka 两个读音；恪有 que（如陈寅恪）、ke 两个读音。说明声母 x 与 h 的关系的字有：许与浒，雄与宏、闳（hong），歇与喝，瞎、辖与害，咸与喊等。另外，虾有 xia、ha 两个读音，吓有 xia、he 两个读音，唬有 xia、hu 两个读音，行有 xing、hang 两个读音，戏有 xi、hu（做语气词，如噫吁戏）两个读音。

d、t、sh 与 zh、ch、sh 这两组“铁三角”有一定关联。说明声母 d 与 zh 的关系的字有：带与滞，待与峙、痔，耽、眈与枕，单与戰（简化为战），悳（德的右部，也是德的本字）与直，颠、滇与真，掉、悼与卓、罩，都、堵、赌与者、渚、煮、猪，翟有 di、zhai 两个读音。说明声母 ch 与 t 的关系的字有：彖与椽，屯与萅（chun）、纯，童与憧，涂、途与除，堂、棠与裳、常，汤与畅等。

z、c、s 与 j、q、x 这两组“铁三角”也有一定关联。说明声母 z 与 j 有关系的字有：责、渍与绩，自与洎（ji），簪（zan）与谮（jian），奘、臧与将、奖（丬是爿的简化写法，它们都以丬或爿表音），造与窖。另外，俊有 zun、jun 两个读音，咀有 zui、ju 两个读音。说明声母 c 与 q 有关系的字有：仓与枪、跄、呛，藏与戕（读音都来自爿），惭与堑，粗、徂（cu）与蛆，操与缲（qiao，用于缝衣服时的缲边）、幧（qiao，古代男子束发的头巾），毳（cui）与撬、橇等。说明声母 s 与 x 有关系的字有：散与霰（xian，小雪粒），思与细、葸（它们都以“田”表音，“田”由囟演变而来），梢（在这里读 sao，指圆锥体形状）与肖，肃与绣（xiu，是绣的异体字）。另外，宿，有 su、xiu 两个读音。

b、p、f 这组“铁三角”与 m、h、w 这组三角也有一点关联。前面已经说过 b 与 m、f 与 w 的关联。p 与 h 似乎也有关联，如亨，读 heng，但在烹中表 peng 的音。

说了以上这些，是否让人感觉这些声母相互勾连，非常混乱？但我们能从中理出一个大的框架来：声母中多数以三个为一组，组成“铁三角”，这些“铁三角”之间又有一定的联系。如此，声母中的多数组成一座“三角架”，每层都是一个“铁三角”。声母 y 因与其他声母多有关联，可以用它提领这座三角架。换言之，如果将这个三角架悬挂起来，y 就是悬挂的着力点。根据以上分析，按声母的相互关系绘成一图，姑且称为“声母转换三角架”（见右图）。

声母三角架

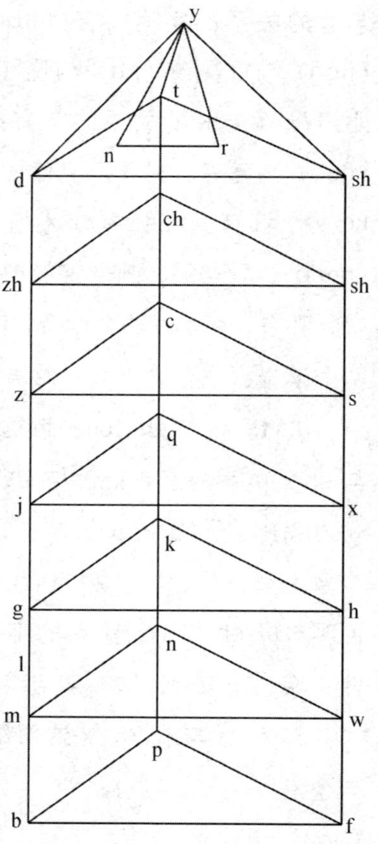

对此“声母转换三角架”作一点说明：一、有连线的两个声母有可能互转；二、在“铁三角”上的三个声母关系最为紧密，往往可以互转。

四、少数字的声母、韵母与其表音部件的声母、韵母都不同。

查、齇均以且表音（查下部本应为且，而不是旦）；蔚、熨以尉表音（如考虑到尉的另一读音为 yu，则不在此列）；襍（简化为杂）以集表音；祷以寿表音，捣字的繁体也从寿表音；波以皮表音，滑以骨表音，馁（读 nei）以妥表音，埋以里表音（埋的繁体为薶，它以貍表音，归根结底，以里表音），霾（读音与埋相同，指沙尘、烟尘天气）也以里表音。不掌握这些，很容易将这些字视为会意字。曾经有人解释波为“水之皮”，别人就打趣道：“滑就是水之骨了”。只有将埋理解为“土里埋”，是没错的。

这正是：

东西南北和古今，口口相传岂同音？

记取声母三角架，谁来表音了于心。

跋　梦萦秦汉

到这里，我们梳理了汉字演变过程中的不规则、非主流的变化。这些变化里，一部分是合乎逻辑，易于让人理解、接受的，如：字义嬗变、“减法”造字、某些返璞归真的简化等；一部分是为了省事，书写简便，如由小篆变为隶书、省略部分部件等，但没有构成对字理的破坏；还有一部分就是错误的积淀，如假借字久借不还、部件错舛、结构漫漶、不顾字理的以简代繁等，对后人正确地理解和掌握汉字构成极大障碍。这就是我们常说的，传统文化既有精华，也有糟粕。写此书的目的就是要弄清哪些是精华，哪些是糟粕。

面对精华好办，拿那些糟粕怎么办？那些字理受到严重破坏、毫无道理可言的字，无时无刻不被人们使用，还作为规范字以国家标准的形式规定下来。对那些字进行修改几乎是不可能的，就像让被污染的水体变纯净一样难。2009 年 8 月，教育部发出对 44 个汉字的笔划作一些微调的征求意见稿，就遭到强烈反对。此稿似乎搁置起来了。遑论大规模地修改部件！

但是，暂时不动，不等于无所作为。至少，我们能够用历史的眼光、时代的眼光重新审视汉字、打量汉字。由于电脑的广泛使用，对于汉字来说，我们所处的时代是一个全新的时代。这个时代，我们对汉字有什么新的认识呢？

如何看待汉字的难与易

我们先不妨看看汉字经历的主要阶段。

第一个阶段是以甲骨文为代表的文字草创阶段。这个阶段创造了大量文字，同时奠定了造字的基本规则，即由象形而会意，由会意而形声。但甲骨文中大量文字后来已被彻底废弃，也无法用今天的字去“翻译”它们。也就是说，一边造，一边丢，体现出尚处于不成熟、不稳定的状态。从字形上看，甲骨文笔划简约，以其在甲骨上不易刻划之故。

其后的金文，也就是青铜器铭文，稍显成熟、稳定，造字多一点，但丢字的数量大为减少。其笔划、字形都丰满了许多。但书写尚未规范，就同一个字来说，不同的人写起来，笔划构成大同小异。人们也把金文称为籀文或大篆。后者是相对于后来的小篆而言的。它也是向第二阶段过渡的形态。

第二个阶段是以小篆为代表的成熟、规范阶段。这得益于秦始皇在统一六国之后推行的“书同文”制度，它基于原来各国的大篆。它表现在：一、每一个部件的写法、笔划都是统一的；二、一个字应含哪些部件是确定的，各部件在这个字里所处的位置是也固定的，不像此前的大篆，各部件可以左右上下挪移；三、书写风格统一，笔划婉转圆润，既不失汉字的象形特征，又显大方雍容。汉字发展到小篆可谓登峰造极。在“变隶之繁”一章说过，从文字本身的象、数、理来说，小篆后的隶书开始走下坡路了。

不可否认的是，文化各个门类的发展并不都是呈上升趋势的。许多文化门类的高峰不在今天，可能也不在今后，而是过往某一时期，就如周礼、唐诗、宋词。西方的雕塑、绘画的黄金时期也是千百年前的某个阶段。

秦朝是一个短命的王朝。前面还说过，统一中国后，全国是否真正地做到“书同文”还值得商榷。但小篆毕竟广为流传了。从东汉的《说文解字》至今，人们研究文字，往往都以小篆为对照文本。另外，作为艺术，小篆的书法和印刻至今不衰。

第三阶段是秦汉以降的广泛使用阶段。这个阶段里，不同时期也有造过一些字，但数量非常少，甚至可以忽略不计。主要是越来越多的人掌握和运用汉字。因不再造字或极少造字，但又要表达不断涌现的新生事物，字义不断引申、延伸了。常用字承担的字义越来越多。同时，人们为图简便，在悄悄地“改造”汉字，如隶书、简化字、草书都是这类产物。

从我们所处的时代开始，会不会进入第四个阶段呢？因为我们的书写工具发生了革命性的变化——用电脑写字，对文字会产生深刻的影响。从以往几个阶段看，书写工具对汉字的影响非常大。用刀在甲骨上刻划，决定了甲骨文的简约、瘦硬；由于青铜器是用泥范铸出来的，铭文实际上来自在泥上刻的字，因此笔划详尽，字形丰满；只有毛笔与平滑的纸张结合以后，才能产生奔放的草书。这些工具主要是对笔划、书写的风格产生影响，而电脑输入对文字会产生什么样的影响呢？还将拭目以待。

目前我们可以想见的是：电脑时代，不需要一笔一划地写字（电脑上、手机上也有用笔划输入的软件，但用的人非常少）。在电脑上写字，主要靠输入拼音，或输入部件。用拼音输入法，首先是掌握每个字的读音，再是掌握每个字的大致形状，以便在屏幕上出现多个同音字时挑出自己需要的那一个。用部件输入法，只需掌握每个字是由哪几个部件组成的。

由此我们可以得出结论：字的笔划的多少已不能影响我们书写的效率。也就是说，在电脑上书写简体字的效率并不比书写繁体字高多少。比如：马与馬，门与門，用拼音输入法，都是 ma 或 men；用部件输入法，它们都是一个部件。将它们分别组装成闯与闖，读音还是一样，部件的数目都是两个。

当然，在使用不同的输入法时，书写效率肯定是有差别的。比如同是部件输入法，如王码、仓颉码，输入速度就取决于字形的拆分是否合理、拆下来的部件是否规整。这时，部件就是“笔划”。

在使用文字过程中，还有一种效率，那就是辨识效率。在阅读时，我们要准确识别每个字，根据什么呢？字形。字形与字形之间区别越大，越好识别，反之，越难识别。如：在识别拨与拔，扰与拢，来与未时，就要比识别其他字更费点神。但在繁体字里，它们分别为：撥和拔，擾和攏，來和未，字形差别较大，就容易识别。也就是说，一个非常熟练地掌握繁、简两种汉字的人，阅读港台出版物（繁体版）的速度并不比阅读中国大陆出版物的速度低。

我们相信在相当长一段时期内，初学汉字的人还是要一笔一划地写过来。笔划多少对学习的效率肯定有一些影响。但是，我们前面也说过，在汉字变隶、简化过程中，部件总数增多了，这对掌握汉字是不利的。

我们所说的学习，不是一个字一个字机械地学，而是要全面掌握汉字。那么，一是要掌握组成所有汉字的基本部件（也就是狭义上的象形字，再加少数符号化的部件，如丷、亠）；二是理解地记忆，掌握基本规则后，能举一反三，融会贯通；三是必须经过适当的反复练习，强化记忆。因此，提高学习的效率相应地取决于：一是基本部件的数量不能太多，尤其是符号化部件不能多，因为不容易说清它们是什么东西；二是规则要明晰，不规则的东西越少越好；三是每个单体最好不要太难。

从这个意义上说，我们要想比较全面地掌握现在使用的简体字，与繁体字甚至此前的小篆比起来，难度并没有降低，甚至有所提高。一是现行简体字的部件数量增多了。如“简化之乱”、“变隶之繁”两章所说，简体字比繁体字的部件多了 23 个；而繁体字（也就是还未简化的隶书）又比小篆多了 50 多个部件。学习的难度自然加大。二是经过变隶与简化之后，有些字的结构变得模糊不清，看不出是由哪几个部件组成的，这就不容易理解。还有少数部件趋同，或者符号化了，容易造成混淆。三是简体字的笔划少，在单字的练习上的确要简单一些。因此，在总体上说，学习简体字并不占便宜。

如果再算上用电脑写字，“笔划”上也没占便宜，学习、使用简体字全面亏了。

这么说，好像是全面否定汉字简化。丝毫没有这个意思。新中国成立不久后的汉字简化，有当时的背景——出身于社会最底层、刚刚翻身做主的广大工农兵大多是文盲或半文盲。怎样才能发扬民主，让他们了解党和国家的政策，并参政议政？首当其冲的就是文字障碍。就在全国百废待兴之时，他们不可能停下手中的工作，脱产学习，只能是利用业余时间“输液”，点点滴滴地吸收。再说，当时的师资力量极度贫弱，传统文化功底深厚，又拥护共产党的领导、能积极投身革命事业和新中国的教育事业中来的人有多少呢？在这种情况下，降低单字的学习难度，尽快地让广大工农兵掌握一部分常用字，不失为权宜之计。工人们接受“机器厂房”比“機器廠房”容易得多；农民们接受“五谷杂粮”

比“五穀雜粮”容易得多；士兵们接受“缴枪不杀”比“繳槍不殺”容易得多。

另外，如果把文字看作语言的附庸，是记录语言的工具，只是落在纸上的“音符”，简化字确实便当。尤其是用来记录口语。口语不需要受众理解每个字，它是以词、句为基本信息单位的。对于当时的广大工农兵来说，能把自己想说的话用文字表达出来，已经足够了。

从当时报纸上的报道来看，简化字还是深受人们欢迎的。

问题是：新中国成立60多年后，广大人民群众的文化水平与新中国成立初期不可同日而语。九年制义务教育在全国得以普及。家长送子女上学，不再是仅仅让他们认认名字，记个账，而是要把他们培养成材，首先就是要把文化底子，尤其是中国传统文化的底子打牢。近来的国学热就说明了这一点。

这就同盖房子一样。如果你仅仅是想盖个简易的平房，你就在平地上垒墙就行。如果你想盖座多层楼房，可能需要用混凝土浇筑基础。如果你想盖超高层的大厦，那就不是浇筑基础的问题了，必须向地下开挖深深的基坑，最终让这座大厦牢牢地“插”在地里。一句话，基础的深度决定了楼房的高度。每个人都可以根据自己的蓝图来确定打什么样的基础。许多人不愿在传统文化和基础功课上下大功夫，认为给平房深挖基坑，没有必要。但问题是，还有不少人本想建高楼，盖到半截子，才发现下面的基础没打好，承托不了更高的荷载了，想回头再打基础，晚了！

如何看待汉字的繁与简

前两年，有若干位全国政协委员在全国“两会”期间联名递交提案，要求恢复繁体字教育。有人支持，也有人反对。

反对的人说，恢复繁体字是倒退，干脆恢复甲骨文得了。

支持的人说，你以为甲骨文繁吗？甲骨文恰恰笔划简约。汉字的发展由简到繁，是社会发展的需要。简化才是倒退。

的确，甲骨文除了笔划简约（以现在的眼光看，有的字有偷工减料之嫌），还存在一字多用、以简代繁现象，如：以才为在，以羽代翌，以隹代唯，以乎为呼等。即便是到了周代的金文，仍沿袭这种做法，唯仍写作隹，呼仍写作乎，还有：以立为位，以不为丕等。像这种一个字承担不同的字义的用法，让人费解甚至误解。

这种情况下，造一些新字替老字分担部分字义，是比较明智的做法。比如：责，原有责任之义，还有责备之义，又有债务之义，那么就为后一个义项增造一债字；弟，除了与兄相对外，本来还有尊敬兄长之义，那么为后一个义项增造一悌字。于是就有了以下诸字：由责而债、由弟而悌、由孰而熟、由竟而境、由賈而價（价）、由属而嘱、由共而供、由知而智、由自而鼻、由昏而婚、由田而畋、由反而返、由其而箕、由云而雲、由鉏而鋤等。

套用“简化”这个词，由责而债这种造字方式就是“繁化”。实际上，在汉字漫长的演变过程中，“简化”与“繁化”两种现象同时存在，并行不悖。

不要以为古人不偷懒。“简化”并不是始于新中国成立之后，两千多年前就有了。比如：行，本是十字路口的形状，以代表道路。在街、衢、衕、衡、桁等字中完整地保留了行这个形态。但在径、往、徐等字中被“简化”成彳。靁，很早的古文刻本里就简化成雷。雷，跟雨落在田里没有关系，这个“田”本是车轮之形，三个车轮就代表多辆车隆隆驶过，以此来代表雷声。儡、檑等字则还保留了三个“田”。在金文中，可以看到：樂，有的省掉“白”；寧，有的省掉心。这种情况不胜枚举。在甲骨文中，则常见笔划“偷工减料”。后世的草书则是更严重的偷工减料，后来竟然发展成为一个艺术门类。这可能是草书的始祖想不到的。

“繁化”与“简化”并存，就像地壳运动。一方面，由于地壳板块间的相互挤压，造成局部隆起，这就是造山运动，有些山还有长高的趋势。另一方面，由于地震和风雨侵蚀等，造成滑坡、崩塌，移山填谷，缩小了相对高差。这两种运动都来自某种力量的推动，都受自然规律支配。

明白这一点，我们再来看看新中国成立之后的汉字简化。第一，这次简化主要取材于前人的简化“成果”（包括吸收草书的写法，并将草书的笔划正楷化），不过是集千百年来简化之大成。第二，以前的简化是零星的，是散落于历朝历代的。这次简化是集中的、大规模的简化。第三，以前的简化是自发的，有一定的随意性。这次简化是以行政命令来推动的，是以国家标准的形式来规定的。如果说以前的简化是今天一个小滑坡，明天一块石头崩落；这次大规模的简化就是一次强震。

但是，并不是强震之后，山川就归复宁静，就没有滑坡了。相反，还会诱发新的滑坡。在简化字的基础上，人们继续简化，例如：将停写成仃，将帮写成邦，将账写成帐（只简化了一笔），将建字中的聿换成占。以这些民间简化字为蓝本，于上个世纪 70 年代，有关部门再次推出简化方案，吸引了公众热议。很多人在报纸上发表文章称颂这次简化。记得安徽的报纸上有一篇文章，说将“徽”简化成“辉”，简化得好：小学生学徽字不好学。但是辉就好学多了。老师只要说，这是光荣的光，加一个解放军的军，学生就都记住了。

看看，简化是没有止境的吧。照这样下去，汉字非简化成日文的平假名、片假名不可。幸亏这次简化受到强烈抵制，最终夭折。

由此看出：汉字的“繁化”是社会发展的需要。一个字被赋予的字义越来越多，需要对这些字义进行分工，于是就造出较繁的字。“简化”是提高效率的需要。历朝历代，无时无刻，人们不想着要提高效率。于是，草书产生了，省略部件或笔划的简体字产生了，以简代繁的假借字产生了，速记体产生了（例如，有人把“问题”二字简化成门字里加一T)。出于需要，都是合理的。关键是，汉字作为我国的官方文字，我们要为其保存一份完好的国家“档案”。这份“档案”中的汉字必须都是权威的、规范的、有理据的、公允的。所谓公允，就是不迁就某一特定的人群（比如文化程度特别低的人群），也不照顾某些权威人士、领导人的口味，也不偏倚某一方言区。

新时期，我们对汉字能做点什么?

在印尼，笔者看到一份很有意思的华文报纸《星洲日报》，标题和广告用的是繁体字，而文章正文用的是简体字。这说明他们极力兼顾使用繁体字和使用简体字这两类人群。

海外一个非主流媒体（印尼华人在国民中所占比例很小，且日常大都使用印尼文）尚且如此，一个泱泱大国更应深入考虑这如何弥合这两类人群之间隙，并采取相应策略。“识繁写简”或称“识正书简”似乎是一个不错的主意。但要想做到这一点也不容易。让大陆的孩子都能认识繁体字，让港澳台的孩子都能写简体字，就要花很大功夫。而且，这比让孩子们单纯地掌握繁体字或简体字要投入更多的精力。也许，在比较遥远的将来，繁体字与简体字将整合为一体，让全世界的华人都使用一个文本。这是最经济、最理想的局面。

另外，有目共睹，外国人学汉语已成热潮。向老外展示什么样的汉字，怎样教老外汉字，也是不可忽视的问题。汉字的魅力在哪里？一、她是象形字，虽然现在已不太象形了，但能够上溯源头。二、汉字的构成有鲜明的逻辑。我想这两点也是外国人掌握汉字的窍门。汉字不像某些人预测的那样——走拼音化的道路，而愈发以自己的特色焕发出迷人的光彩。这提醒我们要更加爱护汉字，永葆其特色，并弘扬其特色。

前面说到，汉字中有一些糟粕积淀下来了。如何剔除这些糟粕？办法是有的，也未必需要大拆大建。比如，消除假借字的影响，可以在教学中，在教材、字典里提倡写“正字”，如用攘代替推让的让，用谝代替欺骗的骗。如果有学生把推让写成推攘、欺骗写成欺谝，至少老师不能判错。

动静大一点的，是要对部分汉字动“手术”。比如先将部件发生错舛、字形又变化不大的字改正。如：以攸为部件的修、倏，所含的夂要改成与攸一致的攵，条是條的省略，上面的夂也应改为攵；相反，致的右部应改为夂；查，下面本是以且表音，而不是旦，因此查应改为査；變，简化为变，即便是要简化，上部简化，下部没有必要简化，建议下面还保留攵；驴、芦、炉、庐等字本都是以卢（盧）表音，应把其中的户改为卢。

还有部分简化字，因单纯为了简化而失去理据，反而不好掌握，不如恢复繁体，如：夹恢复成夾，夾的结构清晰。奁，不如恢复为匳，一看匳外面的匚就知这是一个匣子，以僉（佥）表音，与脸大致同音。大、区，就不好理解。邓，不如恢复为鄧，一看登就知道此字的大致读音。听，不如恢复为聽，聽的右上角是个直字，由耳直达于心，很好理解。如果实在嫌笔划太多，要简化，也应将斤换成厅，用来表音。

这是我写完本书后一点小小的建议。

最后，有《念奴娇》感叹汉字：

悠悠华夏，
数千年，
青史详明有记。
社稷兴亡文武略，
宛若亲临历历；
五典三坟，
依稀堪读，
世界称奇迹。
全球交往，
可曾离象形字？

无奈辗转相袭，
形多漫漶，
理据人难识。
画虎描猫教子弟，
费尽移山心力。
皓首穷经，
浅尝辄止，
两者皆无益。
何如今后，
辨清结构逻辑？